VOCABULARIO HINDI
palabras más usadas

I0176492

Los vocabularios de T&P Books buscan ayudar al aprendiz a aprender, memorizar y repasar palabras de idiomas extranjeros. Los vocabularios contienen más de 3000 palabras comúnmente usadas y organizadas de manera temática.

- El vocabulario contiene las palabras corrientes más usadas.
- Se recomienda como ayuda adicional a cualquier curso de idiomas.
- Capta las necesidades de aprendices de nivel principiante y avanzado.
- Es conveniente para uso cotidiano, prácticas de revisión y actividades de auto-evaluación.
- Facilita la evaluación del vocabulario.

Aspectos claves del vocabulario

- Las palabras se organizan según el significado, no según el orden alfabético.
- Las palabras se presentan en tres columnas para facilitar los procesos de repaso y auto-evaluación.
- Los grupos de palabras se dividen en pequeñas secciones para facilitar el proceso de aprendizaje.
- El vocabulario ofrece una transcripción sencilla y conveniente de cada palabra extranjera.

El vocabulario contiene 101 temas que incluyen lo siguiente:

Conceptos básicos, números, colores, meses, estaciones, unidades de medidas, ropa y accesorios, comida y nutrición, restaurantes, familia nuclear, familia extendida, características de personalidad, sentimientos, emociones, enfermedades, la ciudad y el pueblo, exploración del paisaje, compras, finanzas, la casa, el hogar, la oficina, el trabajo en oficina, importación y exportación, promociones, búsqueda de trabajo, deportes, educación, computación, la red, herramientas, la naturaleza, los países, las nacionalidades y más …

TABLA DE CONTENIDO

GUÍA DE PRONUNCIACIÓN

La letra	Ejemplo hindi	T&P alfabeto fonético	Ejemplo español

Las vocales

अ	अक्सर	[a]; [ɑ], [ə]	radio; llave
आ	आगमन	[aː]	contraataque
इ	इनाम	[i]	ilegal
ई	ईश्वर	[i], [iː]	tranquilo
उ	उठना	[ʊ]	pulpo
ऊ	ऊपर	[uː]	jugador
ऋ	ऋग्वेद	[r, rʲ]	gritar
ए	एकता	[eː]	sexto
ऐ	ऐनक	[aj]	paisaje
ओ	ओला	[oː]	domicilio
औ	औरत	[au]	mausoleo
अं	अंजीर	[ŋ]	manga
अः	अ से अः	[h]	registro
ऑ	ऑफिस	[ɒ]	paralelo

Las consonantes

क	कमरा	[k]	charco
ख	खिड़की	[kh]	[k] aspirada
ग	गरज	[g]	jugada
घ	घर	[gh]	[g] aspirada
ङ	डाकू	[ŋ]	manga
च	चक्कर	[ʧ]	mapache
छ	छात्र	[ʧh]	[tsch] aspirado
ज	जाना	[ʤ]	jazz
झ	झलक	[ʤ]	jazz
ञ	विज्ञान	[n]	leña
ट	मटर	[t]	torre
ठ	ठेका	[th]	[t] aspirada
ड	डंडा	[d]	desierto
ढ	ढलान	[d]	desierto
ण	क्षण	[n]	La nasal retrofleja
त	ताकत	[t]	torre
थ	थकना	[th]	[t] aspirada
द	दरवाज़ा	[d]	desierto
ध	धोना	[d]	desierto
न	नाई	[n]	sonar

La letra	Ejemplo hindi	T&P alfabeto fonético	Ejemplo español
प	पिता	[p]	precio
फ	फल	[f]	golf
ब	बच्चा	[b]	en barco
भ	भाई	[b]	en barco
म	माता	[m]	nombre
य	याद	[j]	asiento
र	रीछ	[r]	era, alfombra
ल	लाल	[l]	lira
व	वचन	[v]	travieso
श	शिक्षक	[ʃ]	shopping
ष	भाषा	[ʃ]	shopping
स	सोना	[s]	salva
ह	हज़ार	[h]	registro

Las consonantes adicionales

क़	क़लम	[q]	catástrofe
ख़	ख़बर	[h]	coger
ड़	लड़का	[r]	era, alfombra
ढ़	पढ़ना	[r]	era, alfombra
ग़	ग़लती	[ɣ]	amigo, magnífico
ज़	ज़िन्दगी	[z]	desde
झ़	टॅझ़र	[ʒ]	adyacente
फ़	फ़ौज	[f]	golf

ABREVIATURAS
usadas en el vocabulario

Abreviatura en español

adj	-	adjetivo
adv	-	adverbio
anim.	-	animado
conj	-	conjunción
etc.	-	etcétera
f	-	sustantivo femenino
f pl	-	femenino plural
fam.	-	uso familiar
fem.	-	femenino
form.	-	uso formal
inanim.	-	inanimado
innum.	-	innumerable
m	-	sustantivo masculino
m pl	-	masculino plural
m, f	-	masculino, femenino
masc.	-	masculino
mat	-	matemáticas
mil.	-	militar
num.	-	numerable
p.ej.	-	por ejemplo
pl	-	plural
pron	-	pronombre
sg	-	singular
v aux	-	verbo auxiliar
vi	-	verbo intransitivo
vi, vt	-	verbo intransitivo, verbo transitivo
vr	-	verbo reflexivo
vt	-	verbo transitivo

Abreviatura en hindi

f	-	sustantivo femenino
f pl	-	femenino plural
m	-	sustantivo masculino
m pl	-	masculino plural

CONCEPTOS BÁSICOS

1. Los pronombres

yo	मैं	main
tú	तुम	tum
él, ella, ello	वह	vah
nosotros, -as	हम	ham
vosotros, -as	आप	āp
ellos, ellas	वे	ve

2. Saludos. Salutaciones

¡Hola! (fam.)	नमस्कार!	namaskār!
¡Hola! (form.)	नमस्ते!	namaste!
¡Buenos días!	नमस्ते!	namaste!
¡Buenas tardes!	नमस्ते!	namaste!
¡Buenas noches!	नमस्ते!	namaste!
decir hola	नमस्कार कहना	namaskār kahana
¡Hola! (a un amigo)	नमस्कार!	namaskār!
saludo (m)	अभिवादन (m)	abhivādan
saludar (vt)	अभिवादन करना	abhivādan karana
¿Cómo estás?	आप कैसे हैं?	āp kaise hain?
¿Qué hay de nuevo?	क्या हाल है?	kya hāl hai?
¡Chau! ¡Adiós!	अलविदा!	alavida!
¡Hasta pronto!	फिर मिलेंगे!	fir milenge!
¡Adiós! (fam.)	अलिवदा!	alivada!
¡Adiós! (form.)	अलविदा!	alavida!
despedirse (vr)	अलविदा कहना	alavida kahana
¡Hasta luego!	अलविदा!	alavida!
¡Gracias!	धन्यवाद!	dhanyavād!
¡Muchas gracias!	बहुत बहुत शुक्रिया!	bahut bahut shukriya!
De nada	कोई बात नहीं	koī bāt nahin
No hay de qué	कोई बात नहीं	koī bāt nahin
De nada	कोई बात नहीं	koī bāt nahin
¡Disculpa!	माफ़ कीजिएगा!	māf kījiega!
¡Disculpe!	माफ़ी कीजियेगा!	māfī kījiyega!
disculpar (vt)	माफ़ करना	māf karana
disculparse (vr)	माफ़ी मांगना	māfī māngana
Mis disculpas	मुझे माफ़ कीजिएगा	mujhe māf kījiega
¡Perdóneme!	मुझे माफ़ कीजिएगा!	mujhe māf kījiega!

perdonar (vt)	माफ़ करना	māf karana
por favor	कृप्या	krpya
¡No se le olvide!	भूलना नहीं!	bhūlana nahin!
¡Ciertamente!	ज़रूर!	zarūr!
¡Claro que no!	बिल्कुल नहीं!	bilkul nahin!
¡De acuerdo!	ठीक है!	thīk hai!
¡Basta!	बहुत हुआ!	bahut hua!

3. Las preguntas

¿Quién?	कौन?	kaun?
¿Qué?	क्या?	kya?
¿Dónde?	कहाँ?	kahān?
¿Adónde?	किधर?	kidhar?
¿De dónde?	कहाँ से?	kahān se?

¿Cuándo?	कब?	kab?
¿Para qué?	क्यों?	kyon?
¿Por qué?	क्यों?	kyon?

¿Por qué razón?	किस लिये?	kis liye?
¿Cómo?	कैसे?	kaise?
¿Qué ...? (~ color)	कौन-सा?	kaun-sa?
¿Cuál?	कौन-सा?	kaun-sa?

¿A quién?	किसको?	kisako?
¿De quién? (~ hablan ...)	किसके बारे में?	kisake bāre men?
¿De qué?	किसके बारे में?	kisake bāre men?
¿Con quién?	किसके?	kisake?

| ¿Cuánto? | कितना? | kitana? |
| ¿De quién? (~ es este ...) | किसका? | kisaka? |

4. Las preposiciones

con ... (~ algn)	के साथ	ke sāth
sin ... (~ azúcar)	के बिना	ke bina
a ... (p.ej. voy a México)	की तरफ़	kī taraf
de ... (hablar ~)	के बारे में	ke bāre men

| antes de ... | के पहले | ke pahale |
| delante de ... | के सामने | ke sāmane |

debajo	के नीचे	ke nīche
sobre ..., encima de ...	के ऊपर	ke ūpar
en, sobre (~ la mesa)	पर	par

| de (origen) | से | se |
| de (fabricado de) | से | se |

| dentro de ... | में | men |
| encima de ... | के ऊपर चढ़कर | ke ūpar charhakar |

5. Las palabras útiles. Los adverbios. Unidad 1

¿Dónde?	कहाँ?	kahãn?
aquí (adv)	यहाँ	yahãn
allí (adv)	वहां	vahãn
en alguna parte	कहीं	kahīn
en ninguna parte	कहीं नहीं	kahīn nahin
junto a ...	के पास	ke pās
junto a la ventana	खिड़की के पास	khirakī ke pās
¿A dónde?	किधर?	kidhar?
aquí (venga ~)	इधर	idhar
allí (vendré ~)	उधर	udhar
de aquí (adv)	यहां से	yahãn se
de allí (adv)	वहां से	vahãn se
cerca (no lejos)	पास	pās
lejos (adv)	दूर	dūr
cerca de ...	निकट	nikat
al lado (de ...)	पास	pās
no lejos (adv)	दूर नहीं	dūr nahin
izquierdo (adj)	बायाँ	bāyãn
a la izquierda (situado ~)	बायीं तरफ़	bāyīn taraf
a la izquierda (girar ~)	बायीं तरफ़	bāyīn taraf
derecho (adj)	दायां	dāyãn
a la derecha (situado ~)	दायीं तरफ़	dāyīn taraf
a la derecha (girar)	दायीं तरफ़	dāyīn taraf
delante (yo voy ~)	सामने	sāmane
delantero (adj)	सामने का	sāmane ka
adelante (movimiento)	आगे	āge
detrás de ...	पीछे	pīchhe
desde atrás	पीछे से	pīchhe se
atrás (da un paso ~)	पीछे	pīchhe
centro (m), medio (m)	बीच (m)	bīch
en medio (adv)	बीच में	bīch men
de lado (adv)	कोने में	kone men
en todas partes	सभी	sabhī
alrededor (adv)	आस-पास	ās-pās
de dentro (adv)	अंदर से	andar se
a alguna parte	कहीं	kahīn
todo derecho (adv)	सीधे	sīdhe
atrás (muévelo para ~)	वापस	vāpas
de alguna parte (adv)	कहीं से भी	kahīn se bhī
no se sabe de dónde	कहीं से	kahīn se

primero (adv)	पहले	pahale
segundo (adv)	दूसरा	dūsara
tercero (adv)	तीसरा	tīsara

de súbito (adv)	अचानक	achānak
al principio (adv)	शुरू में	shurū men
por primera vez	पहली बार	pahalī bār
mucho tiempo antes ...	बहुत समय पहले ...	bahut samay pahale ...
de nuevo (adv)	नई शुरूआत	naī shurūāt
para siempre (adv)	हमेशा के लिए	hamesha ke lie

jamás, nunca (adv)	कभी नहीं	kabhī nahin
de nuevo (adv)	फिर से	fir se
ahora (adv)	अब	ab
frecuentemente (adv)	अकसर	akasar
entonces (adv)	तब	tab
urgentemente (adv)	तत्काल	tatkāl
usualmente (adv)	आमतौर पर	āmataur par

a propósito, ...	प्रसंगवश	prasangavash
es probable	मुमकिन	mumakin
probablemente (adv)	संभव	sambhav
tal vez	शायद	shāyad
además ...	इस के अलावा	is ke alāva
por eso ...	इस लिए	is lie
a pesar de ...	फिर भी ...	fir bhī ...
gracias a ...	... की मेहरबानी से	... kī meharabānī se

qué (pron)	क्या	kya
que (conj)	कि	ki
algo (~ le ha pasado)	कुछ	kuchh
algo (~ así)	कुछ भी	kuchh bhī
nada (f)	कुछ नहीं	kuchh nahin

quien	कौन	kaun
alguien (viene ~)	कोई	koī
alguien (¿ha llamado ~?)	कोई	koī

nadie	कोई नहीं	koī nahin
a ninguna parte	कहीं नहीं	kahīn nahin
de nadie	किसी का नहीं	kisī ka nahin
de alguien	किसी का	kisī ka

tan, tanto (adv)	कितना	kitana
también (~ habla francés)	भी	bhī
también (p.ej. Yo ~)	भी	bhī

6. Las palabras útiles. Los adverbios. Unidad 2

¿Por qué?	क्यों?	kyon?
no se sabe porqué	किसी कारणवश	kisī kāranavash
porque ...	क्यों कि ...	kyon ki ...
por cualquier razón (adv)	किसी वजह से	kisī vajah se
y (p.ej. uno y medio)	और	aur

o (p.ej. té o café)	या	ya
pero (p.ej. me gusta, ~)	लेकिन	lekin
para (p.ej. es para ti)	के लिए	ke lie
demasiado (adv)	ज़्यादा	zyāda
sólo, solamente (adv)	सिर्फ़	sirf
exactamente (adv)	ठीक	thīk
unos ...,	करीब	karīb
cerca de ... (~ 10 kg)		
aproximadamente	लगभग	lagabhag
aproximado (adj)	अनुमानित	anumānit
casi (adv)	करीब	karīb
resto (m)	बाक़ी	bāqī
cada (adj)	हर एक	har ek
cualquier (adj)	कोई	koī
mucho (adv)	बहुत	bahut
muchos (mucha gente)	बहुत लोग	bahut log
todos	सभी	sabhī
a cambio de ...	... के बदले में	... ke badale men
en cambio (adv)	की जगह	kī jagah
a mano (hecho ~)	हाथ से	hāth se
poco probable	शायद ही	shāyad hī
probablemente	शायद	shāyad
a propósito (adv)	जानबूझकर	jānabūjhakar
por accidente (adv)	संयोगवश	sanyogavash
muy (adv)	बहुत	bahut
por ejemplo (adv)	उदाहरण के लिए	udāharan ke lie
entre (~ nosotros)	के बीच	ke bīch
entre (~ otras cosas)	में	men
tanto (~ gente)	इतना	itana
especialmente (adv)	ख़ासतौर पर	khāsataur par

NÚMEROS. MISCELÁNEA

7. Números cardinales. Unidad 1

cero	ज़ीरो	zīro
uno	एक	ek
dos	दो	do
tres	तीन	tīn
cuatro	चार	chār
cinco	पाँच	pānch
seis	छह	chhah
siete	सात	sāt
ocho	आठ	āth
nueve	नौ	nau
diez	दस	das
once	ग्यारह	gyārah
doce	बारह	bārah
trece	तेरह	terah
catorce	चौदह	chaudah
quince	पन्द्रह	pandrah
dieciséis	सोलह	solah
diecisiete	सत्रह	satrah
dieciocho	अठारह	athārah
diecinueve	उन्नीस	unnīs
veinte	बीस	bīs
veintiuno	इक्कीस	ikkīs
veintidós	बाईस	baīs
veintitrés	तेईस	teīs
treinta	तीस	tīs
treinta y uno	इकत्तीस	ikattīs
treinta y dos	बत्तीस	battīs
treinta y tres	तैंतीस	taintīs
cuarenta	चालीस	chālīs
cuarenta y uno	इक्तालीस	iktālīs
cuarenta y dos	बयालीस	bayālīs
cuarenta y tres	तैंतालीस	taintālīs
cincuenta	पचास	pachās
cincuenta y uno	इक्यावन	ikyāvan
cincuenta y dos	बावन	bāvan
cincuenta y tres	तिरपन	tirapan
sesenta	साठ	sāth
sesenta y uno	इकसठ	ikasath

sesenta y dos	बासठ	bāsath
sesenta y tres	तिरसठ	tirasath
setenta	सत्तर	sattar
setenta y uno	इकहत्तर	ikahattar
setenta y dos	बहत्तर	bahattar
setenta y tres	तिहत्तर	tihattar
ochenta	अस्सी	assī
ochenta y uno	इक्यासी	ikyāsī
ochenta y dos	बयासी	bayāsī
ochenta y tres	तिरासी	tirāsī
noventa	नब्बे	nabbe
noventa y uno	इक्यानवे	ikyānave
noventa y dos	बानवे	bānave
noventa y tres	तिरानवे	tirānave

8. Números cardinales. Unidad 2

cien	सौ	sau
doscientos	दो सौ	do sau
trescientos	तीन सौ	tīn sau
cuatrocientos	चार सौ	chār sau
quinientos	पाँच सौ	pānch sau
seiscientos	छह सौ	chhah sau
setecientos	सात सो	sāt so
ochocientos	आठ सौ	āth sau
novecientos	नौ सौ	nau sau
mil	एक हज़ार	ek hazār
dos mil	दो हज़ार	do hazār
tres mil	तीन हज़ार	tīn hazār
diez mil	दस हज़ार	das hazār
cien mil	एक लाख	ek lākh
millón (m)	दस लाख (m)	das lākh
mil millones	अरब (m)	arab

9. Números ordinales

primero (adj)	पहला	pahala
segundo (adj)	दूसरा	dūsara
tercero (adj)	तीसरा	tīsara
cuarto (adj)	चौथा	chautha
quinto (adj)	पाँचवाँ	pānchavān
sexto (adj)	छठा	chhatha
séptimo (adj)	सातवाँ	sātavān
octavo (adj)	आठवाँ	āthavān
noveno (adj)	नौवाँ	nauvān
décimo (adj)	दसवाँ	dasavān

LOS COLORES. LAS UNIDADES DE MEDIDA

10. Los colores

color (m)	रंग (m)	rang
matiz (m)	रंग (m)	rang
tono (m)	रंग (m)	rang
arco (m) iris	इन्द्रधनुष (f)	indradhanush
blanco (adj)	सफ़ेद	safed
negro (adj)	काला	kāla
gris (adj)	धूसर	dhūsar
verde (adj)	हरा	hara
amarillo (adj)	पीला	pīla
rojo (adj)	लाल	lāl
azul (adj)	नीला	nīla
azul claro (adj)	हल्का नीला	halka nīla
rosa (adj)	गुलाबी	gulābī
naranja (adj)	नारंगी	nārangī
violeta (adj)	बैंगनी	bainganī
marrón (adj)	भूरा	bhūra
dorado (adj)	सुनहरा	sunahara
argentado (adj)	चांदी-जैसा	chāndī-jaisa
beige (adj)	हल्का भूरा	halka bhūra
crema (adj)	क्रीम	krīm
turquesa (adj)	फ़िरोज़ी	fīrozī
rojo cereza (adj)	चेरी जैसा लाल	cherī jaisa lāl
lila (adj)	हल्का बैंगनी	halka bainganī
carmesí (adj)	गहरा लाल	gahara lāl
claro (adj)	हल्का	halka
oscuro (adj)	गहरा	gahara
vivo (adj)	चमकीला	chamakīla
de color (lápiz ~)	रंगीन	rangīn
en colores (película ~)	रंगीन	rangīn
blanco y negro (adj)	काला-सफ़ेद	kāla-safed
unicolor (adj)	एक रंग का	ek rang ka
multicolor (adj)	बहुरंगी	bahurangī

11. Las unidades de medida

peso (m)	वज़न (m)	vazan
longitud (f)	लम्बाई (f)	lambaī

anchura (f)	चौड़ाई (f)	chauraī
altura (f)	ऊंचाई (f)	ūnchaī
profundidad (f)	गहराई (f)	gaharaī
volumen (m)	घनत्व (f)	ghanatv
área (f)	क्षेत्रफल (m)	kshetrafal

gramo (m)	ग्राम (m)	grām
miligramo (m)	मिलीग्राम (m)	milīgrām
kilogramo (m)	किलोग्राम (m)	kilogrām
tonelada (f)	टन (m)	tan
libra (f)	पौण्ड (m)	paund
onza (f)	औन्स (m)	auns

metro (m)	मीटर (m)	mītar
milímetro (m)	मिलीमीटर (m)	milīmītar
centímetro (m)	सेंटीमीटर (m)	sentīmītar
kilómetro (m)	किलोमीटर (m)	kilomītar
milla (f)	मील (m)	mīl

pulgada (f)	इंच (m)	inch
pie (m)	फुट (m)	fut
yarda (f)	गज (m)	gaj

metro (m) cuadrado	वर्ग मीटर (m)	varg mītar
hectárea (f)	हेक्टेयर (m)	hekteyar

litro (m)	लीटर (m)	lītar
grado (m)	डिग्री (m)	digrī
voltio (m)	वोल्ट (m)	volt
amperio (m)	ऐम्पेयर (m)	aimpeyar
caballo (m) de fuerza	अश्व शक्ति (f)	ashv shakti

cantidad (f)	मात्रा (f)	mātra
un poco de ...	कुछ ...	kuchh ...
mitad (f)	आधा (m)	ādha
docena (f)	दर्जन (m)	darjan
pieza (f)	टुकड़ा (m)	tukara

dimensión (f)	माप (m)	māp
escala (f) (del mapa)	पैमाना (m)	paimāna

mínimo (adj)	न्यूनतम	nyūnatam
el más pequeño (adj)	सब से छोटा	sab se chhota
medio (adj)	मध्य	madhy
máximo (adj)	अधिकतम	adhikatam
el más grande (adj)	सबसे बड़ा	sabase bara

12. Contenedores

tarro (m) de vidrio	शीशी (f)	shīshī
lata (f)	डिब्बा (m)	dibba
cubo (m)	बाल्टी (f)	bāltī
barril (m)	पीपा (m)	pīpa
palangana (f)	चिलमची (f)	chilamachī

tanque (m)	कुण्ड (m)	kund
petaca (f) (de alcohol)	फ़्लास्क (m)	flāsk
bidón (m) de gasolina	जेरिकैन (m)	jerikain
cisterna (f)	टंकी (f)	tankī
taza (f) (mug de cerámica)	मग (m)	mag
taza (f) (~ de café)	प्याली (f)	pyālī
platillo (m)	सॉसर (m)	sosar
vaso (m) (~ de agua)	गिलास (m)	gilās
copa (f) (~ de vino)	वाइन गिलास (m)	vain gilās
olla (f)	सॉसपैन (m)	sosapain
botella (f)	बोतल (f)	botal
cuello (m) de botella	गला (m)	gala
garrafa (f)	जग (m)	jag
jarro (m) (~ de agua)	सुराही (f)	surāhī
recipiente (m)	बरतन (m)	baratan
tarro (m)	घड़ा (m)	ghara
florero (m)	फूलदान (m)	fūladān
frasco (m) (~ de perfume)	शीशी (f)	shīshī
frasquito (m)	शीशी (f)	shīshī
tubo (m)	ट्यूब (m)	tyūb
saco (m) (~ de azúcar)	थैला (m)	thaila
bolsa (f) (~ plástica)	थैली (f)	thailī
paquete (m) (~ de cigarrillos)	पैकेट (f)	paiket
caja (f)	डिब्बा (m)	dibba
cajón (m) (~ de madera)	डिब्बा (m)	dibba
cesta (f)	टोकरी (f)	tokarī

LOS VERBOS MÁS IMPORTANTES

13. Los verbos más importantes. Unidad 1

abrir (vt)	खोलना	kholana
acabar, terminar (vt)	ख़त्म करना	khatm karana
aconsejar (vt)	सलाह देना	salāh dena
adivinar (vt)	अंदाज़ा लगाना	andāza lagāna
advertir (vt)	चेतावनी देना	chetāvanī dena
alabarse, jactarse (vr)	डींग मारना	dīng mārana
almorzar (vi)	दोपहर का भोजन करना	dopahar ka bhojan karana
alquilar (~ una casa)	किराए पर लेना	kirae par lena
amenazar (vt)	धमकाना	dhamakāna
arrepentirse (vr)	अफ़सोस जताना	afasos jatāna
ayudar (vt)	मदद करना	madad karana
bañarse (vr)	तैरना	tairana
bromear (vi)	मज़ाक करना	mazāk karana
buscar (vt)	तलाश करना	talāsh karana
caer (vi)	गिरना	girana
callarse (vr)	चुप रहना	chup rahana
cambiar (vt)	बदलना	badalana
castigar, punir (vt)	सज़ा देना	saza dena
cavar (vt)	खोदना	khodana
cazar (vi, vt)	शिकार करना	shikār karana
cenar (vi)	रात्रिभोज करना	rātribhoj karana
cesar (vt)	बंद करना	band karana
coger (vt)	पकड़ना	pakarana
comenzar (vt)	शुरू करना	shurū karana
comparar (vt)	तुलना करना	tulana karana
comprender (vt)	समझना	samajhana
confiar (vt)	यकीन करना	yakīn karana
confundir (vt)	गड़बड़ा जाना	garabara jāna
conocer (~ a alguien)	जानना	jānana
contar (vt) (enumerar)	गिनना	ginana
contar con ...	भरोसा रखना	bharosa rakhana
continuar (vt)	जारी रखना	jārī rakhana
controlar (vt)	नियंत्रित करना	niyantrit karana
correr (vi)	दौड़ना	daurana
costar (vt)	दाम होना	dām hona
crear (vt)	बनाना	banāna

14. Los verbos más importantes. Unidad 2

dar (vt)	देना	dena
dar una pista	इशारा करना	ishāra karana

decir (vt)	कहना	kahana
decorar (para la fiesta)	सजाना	sajāna
defender (vt)	रक्षा करना	raksha karana
dejar caer	गिराना	girāna
desayunar (vi)	नाश्ता करना	nāshta karana
descender (vi)	उतरना	utarana

dirigir (administrar)	प्रबंधन करना	prabandhan karana
disculparse (vr)	माफ़ी मांगना	māfī māngana
discutir (vt)	चर्चा करना	charcha karana
dudar (vt)	शक करना	shak karana

encontrar (hallar)	ढूंढना	dhūrhana
engañar (vi, vt)	धोखा देना	dhokha dena
entrar (vi)	अंदर आना	andar āna
enviar (vt)	भेजना	bhejana

equivocarse (vr)	गलती करना	galatī karana
escoger (vt)	चुनना	chunana
esconder (vt)	छिपाना	chhipāna
escribir (vt)	लिखना	likhana
esperar (aguardar)	इंतज़ार करना	intazār karana

esperar (tener esperanza)	आशा करना	āsha karana
estar de acuerdo	राज़ी होना	rāzī hona
estudiar (vt)	पढ़ाई करना	parhaī karana

exigir (vt)	माँगना	māngana
existir (vi)	होना	hona
explicar (vt)	समझाना	samajhāna
faltar (a las clases)	ग़ैर-हाज़िर होना	gair-hāzir hona
firmar (~ el contrato)	हस्ताक्षर करना	hastākshar karana

girar (~ a la izquierda)	मुड़ जाना	mur jāna
gritar (vi)	चिल्लाना	chillāna
guardar (conservar)	रखना	rakhana
gustar (vi)	पसंद करना	pasand karana
hablar (vi, vt)	बोलना	bolana

hacer (vt)	करना	karana
informar (vt)	खबर देना	khabar dena
insistir (vi)	आग्रह करना	āgrah karana
insultar (vt)	अपमान करना	apamān karana

interesarse (vr)	रुचि लेना	ruchi lena
invitar (vt)	आमंत्रित करना	āmantrit karana
ir (a pie)	जाना	jāna
jugar (divertirse)	खेलना	khelana

15. Los verbos más importantes. Unidad 3

leer (vi, vt)	पढ़ना	parhana
liberar (ciudad, etc.)	आज़ाद करना	āzād karana
llamar (por ayuda)	बुलाना	bulāna

llegar (vi)	पहुँचना	pahunchana
llorar (vi)	रोना	rona
matar (vt)	मार डालना	mār dālana
mencionar (vt)	उल्लेख करना	ullekh karana
mostrar (vt)	दिखाना	dikhāna
nadar (vi)	तैरना	tairana
negarse (vr)	इन्कार करना	inkār karana
objetar (vt)	एतराज़ करना	etarāz karana
observar (vt)	देखना	dekhana
oír (vt)	सुनना	sunana
olvidar (vt)	भूलना	bhūlana
orar (vi)	दुआ देना	dua dena
ordenar (mil.)	हुक्म देना	hukm dena
pagar (vi, vt)	दाम चुकाना	dām chukāna
pararse (vr)	रुकना	rukana
participar (vi)	भाग लेना	bhāg lena
pedir (ayuda, etc.)	माँगना	māngana
pedir (en restaurante)	ऑर्डर करना	ordar karana
pensar (vi, vt)	सोचना	sochana
percibir (ver)	देखना	dekhana
perdonar (vt)	क्षमा करना	kshama karana
permitir (vt)	अनुमति देना	anumati dena
pertenecer a ...	स्वामी होना	svāmī hona
planear (vt)	योजना बनाना	yojana banāna
poder (v aux)	सकना	sakana
poseer (vt)	मालिक होना	mālik hona
preferir (vt)	तरजीह देना	tarajīh dena
preguntar (vt)	पूछना	pūchhana
preparar (la cena)	खाना बनाना	khāna banāna
prever (vt)	उम्मीद करना	ummīd karana
probar, tentar (vt)	कोशिश करना	koshish karana
prometer (vt)	वचन देना	vachan dena
pronunciar (vt)	उच्चारण करना	uchchāran karana
proponer (vt)	प्रस्ताव रखना	prastāv rakhana
quebrar (vt)	तोड़ना	torana
quejarse (vr)	शिकायत करना	shikāyat karana
querer (amar)	प्यार करना	pyār karana
querer (desear)	चाहना	chāhana

16. Los verbos más importantes. Unidad 4

recomendar (vt)	सिफ़ारिश करना	sifārish karana
regañar, reprender (vt)	डाँटना	dāntana
reírse (vr)	हंसना	hansana
repetir (vt)	दोहराना	doharāna
reservar (~ una mesa)	बुक करना	buk karana

responder (vi, vt)	जवाब देना	javāb dena
robar (vt)	चुराना	churāna
saber (~ algo mas)	मालूम होना	mālūm hona
salir (vi)	बाहर जाना	bāhar jāna
salvar (vt)	बचाना	bachāna
seguir ...	पीछे चलना	pīchhe chalana
sentarse (vr)	बैठना	baithana
ser necesario	आवश्यक होना	āvashyak hona
ser, estar (vi)	होना	hona
significar (vt)	अर्थ होना	arth hona
sonreír (vi)	मुस्कुराना	muskurāna
sorprenderse (vr)	हैरान होना	hairān hona
subestimar (vt)	कम मूल्यांकन करना	kam mūlyānkan karana
tener (vt)	होना	hona
tener hambre	भूख लगना	bhūkh lagana
tener miedo	डरना	darana
tener prisa	जल्दी करना	jaldī karana
tener sed	प्यास लगना	pyās lagana
tirar, disparar (vi)	गोली चलाना	golī chalāna
tocar (con las manos)	छूना	chhūna
tomar (vt)	लेना	lena
tomar nota	लिख लेना	likh lena
trabajar (vi)	काम करना	kām karana
traducir (vt)	अनुवाद करना	anuvād karana
unir (vt)	संयुक्त करना	sanyukt karana
vender (vt)	बेचना	bechana
ver (vt)	देखना	dekhana
volar (pájaro, avión)	उड़ना	urana

LA HORA. EL CALENDARIO

lunes (m)	सोमवार (m)	somavār
martes (m)	मंगलवार (m)	mangalavār
miércoles (m)	बुधवार (m)	budhavār
jueves (m)	गुरूवार (m)	gurūvār
viernes (m)	शुक्रवार (m)	shukravār
sábado (m)	शनिवार (m)	shanivār
domingo (m)	रविवार (m)	ravivār
hoy (adv)	आज	āj
mañana (adv)	कल	kal
pasado mañana	परसों	parason
ayer (adv)	कल	kal
anteayer (adv)	परसों	parason
día (m)	दिन (m)	din
día (m) de trabajo	कार्यदिवस (m)	kāryadivas
día (m) de fiesta	सार्वजनिक छुट्टी (f)	sārvajanik chhuttī
día (m) de descanso	छुट्टी का दिन (m)	chhuttī ka din
fin (m) de semana	सप्ताहांत (m)	saptāhānt
todo el día	सारा दिन	sāra din
al día siguiente	अगला दिन	agala din
dos días atrás	दो दिन पहले	do din pahale
en vísperas (adv)	एक दिन पहले	ek din pahale
diario (adj)	दैनिक	dainik
cada día (adv)	हर दिन	har din
semana (f)	हफ़्ता (f)	hafata
semana (f) pasada	पिछले हफ़्ते	pichhale hafate
semana (f) que viene	अगले हफ़्ते	agale hafate
semanal (adj)	साप्ताहिक	saptāhik
cada semana (adv)	हर हफ़्ते	har hafate
2 veces por semana	हफ़्ते में दो बार	hafate men do bār
todos los martes	हर मंगलवार को	har mangalavār ko

mañana (f)	सुबह (m)	subah
por la mañana	सुबह में	subah men
mediodía (m)	दोपहर (m)	dopahar
por la tarde	दोपहर में	dopahar men
noche (f)	शाम (m)	shām
por la noche	शाम में	shām men

noche (f) (p.ej. 2:00 a.m.)	रात (f)	rāt
por la noche	रात में	rāt men
medianoche (f)	आधी रात (f)	ādhī rāt

segundo (m)	सेकन्ड (m)	sekand
minuto (m)	मिनट (m)	minat
hora (f)	घंटा (m)	ghanta
media hora (f)	आधा घंटा	ādha ghanta
cuarto (m) de hora	सवा	sava
quince minutos	पंद्रह मीनट	pandrah mīnat
veinticuatro horas	24 घंटे (m)	chaubīs ghante

salida (f) del sol	सूर्योदय (m)	sūryoday
amanecer (m)	सूर्योदय (m)	sūryoday
madrugada (f)	प्रातःकाल (m)	prātahkāl
puesta (f) del sol	सूर्यास्त (m)	sūryāst

de madrugada	सुबह-सवेरे	subah-savere
esta mañana	इस सुबह	is subah
mañana por la mañana	कल सुबह	kal subah

esta tarde	आज शाम	āj shām
por la tarde	दोपहर में	dopahar men
mañana por la tarde	कल दोपहर	kal dopahar

esta noche (p.ej. 8:00 p.m.)	आज शाम	āj shām
mañana por la noche	कल रात	kal rāt

a las tres en punto	ठीक तीन बजे में	thīk tīn baje men
a eso de las cuatro	लगभग चार बजे	lagabhag chār baje
para las doce	बारह बजे तक	bārah baje tak

dentro de veinte minutos	बीस मीनट में	bīs mīnat men
dentro de una hora	एक घंटे में	ek ghante men
a tiempo (adv)	ठीक समय पर	thīk samay par

… menos cuarto	पौने … बजे	paune … baje
durante una hora	एक घंटे के अंदर	ek ghante ke andar
cada quince minutos	हर पंद्रह मीनट	har pandrah mīnat
día y noche	दिन-रात (m pl)	din-rāt

19. Los meses. Las estaciones

enero (m)	जनवरी (m)	janavarī
febrero (m)	फ़रवरी (m)	faravarī
marzo (m)	मार्च (m)	mārch
abril (m)	अप्रैल (m)	aprail
mayo (m)	माई (m)	maī
junio (m)	जून (m)	jūn

julio (m)	जुलाई (m)	julaī
agosto (m)	अगस्त (m)	agast
septiembre (m)	सितम्बर (m)	sitambar
octubre (m)	अक्तूबर (m)	aktūbar

noviembre (m)	नवम्बर (m)	navambar
diciembre (m)	दिसम्बर (m)	disambar
primavera (f)	वसन्त (m)	vasant
en primavera	वसन्त में	vasant men
de primavera (adj)	वसन्त	vasant
verano (m)	गरमी (f)	garamī
en verano	गरमियों में	garamiyon men
de verano (adj)	गरमी	garamī
otoño (m)	शरद (m)	sharad
en otoño	शरद में	sharad men
de otoño (adj)	शरद	sharad
invierno (m)	सर्दी (f)	sardī
en invierno	सर्दियों में	sardiyon men
de invierno (adj)	सर्दी	sardī
mes (m)	महीना (m)	mahīna
este mes	इस महीने	is mahīne
al mes siguiente	अगले महीने	agale mahīne
el mes pasado	पिछले महीने	pichhale mahīne
hace un mes	एक महीने पहले	ek mahīne pahale
dentro de un mes	एक महीने में	ek mahīne men
dentro de dos meses	दो महीने में	do mahīne men
todo el mes	पूरे महीने	pūre mahīne
todo un mes	पूरे महीने	pūre mahīne
mensual (adj)	मासिक	māsik
mensualmente (adv)	हर महीने	har mahīne
cada mes	हर महीने	har mahīne
dos veces por mes	महीने में दो बार	mahine men do bār
año (m)	वर्ष (m)	varsh
este año	इस साल	is sāl
el próximo año	अगले साल	agale sāl
el año pasado	पिछले साल	pichhale sāl
hace un año	एक साल पहले	ek sāl pahale
dentro de un año	एक साल में	ek sāl men
dentro de dos años	दो साल में	do sāl men
todo el año	पूरा साल	pūra sāl
todo un año	पूरा साल	pūra sāl
cada año	हर साल	har sāl
anual (adj)	वार्षिक	vārshik
anualmente (adv)	वार्षिक	vārshik
cuatro veces por año	साल में चार बार	sāl men chār bār
fecha (f) (la ~ de hoy es …)	तारीख़ (f)	tārīkh
fecha (f) (~ de entrega)	तारीख़ (f)	tārīkh
calendario (m)	कैलेन्डर (m)	kailendar
medio año (m)	आधे वर्ष (m)	ādhe varsh
seis meses	छमाही (f)	chhamāhī

| estación (f) | मौसम (m) | mausam |
| siglo (m) | शताब्दी (f) | shatābadī |

EL VIAJE. EL HOTEL

20. Las vacaciones. El viaje

turismo (m)	पर्यटन (m)	paryatan
turista (m)	पर्यटक (m)	paryatak
viaje (m)	यात्रा (f)	yātra
aventura (f)	जाँबाजी (f)	jānbāzī
viaje (m) (p.ej. ~ en coche)	यात्रा (f)	yātra
vacaciones (f pl)	छुट्टी (f)	chhuttī
estar de vacaciones	छुट्टी पर होना	chhuttī par hona
descanso (m)	आराम (m)	ārām
tren (m)	रेलगाड़ी, ट्रेन (f)	relagārī, tren
en tren	रैलगाड़ी से	railagārī se
avión (m)	विमान (m)	vimān
en avión	विमान से	vimān se
en coche	कार से	kār se
en barco	जहाज़ पर	jahāz par
equipaje (m)	सामान (m)	sāmān
maleta (f)	सूटकेस (m)	sūtakes
carrito (m) de equipaje	सामान के लिये गाड़ी (f)	sāmān ke liye gārī
pasaporte (m)	पासपोर्ट (m)	pāsaport
visado (m)	वीज़ा (m)	vīza
billete (m)	टिकट (m)	tikat
billete (m) de avión	हवाई टिकट (m)	havaī tikat
guía (f) (libro)	गाइडबुक (f)	gaidabuk
mapa (m)	नक्शा (m)	naksha
área (f) (~ rural)	क्षेत्र (m)	kshetr
lugar (m)	स्थान (m)	sthān
exotismo (m)	विचित्र वस्तुएं	vichitr vastuen
exótico (adj)	विचित्र	vichitr
asombroso (adj)	अजीब	ajīb
grupo (m)	समूह (m)	samūh
excursión (f)	पर्यटन (f)	paryatan
guía (m) (persona)	गाइड (m)	gaid

21. El hotel

hotel (m)	होटल (f)	hotal
motel (m)	मोटल (m)	motal
de tres estrellas	तीन सितारा	tīn sitāra

| de cinco estrellas | पाँच सितारा | pānch sitāra |
| hospedarse (vr) | ठहरना | thaharana |

habitación (f)	कमरा (m)	kamara
habitación (f) individual	एक पलंग का कमरा (m)	ek palang ka kamara
habitación (f) doble	दो पलंगों का कमरा (m)	do palangon ka kamara
reservar una habitación	कमरा बुक करना	kamara buk karana

| media pensión (f) | हाफ़-बोर्ड (m) | hāf-bord |
| pensión (f) completa | फ़ुल-बोर्ड (m) | ful-bord |

con baño	स्नानघर के साथ	snānaghar ke sāth
con ducha	शॉवर के साथ	shovar ke sāth
televisión (f) satélite	सैटेलाइट टेलीविज़न (m)	saitelait telīvizan
climatizador (m)	एयर-कंडिशनर (m)	eyar-kandishanar
toalla (f)	तौलिया (f)	tauliya
llave (f)	चाबी (f)	chābī

administrador (m)	मैनेजर (m)	mainejar
camarera (f)	चैमबरमैड (f)	chaimabaramaid
maletero (m)	कुली (m)	kulī
portero (m)	दरबान (m)	darabān

restaurante (m)	रेस्टराँ (m)	restarān
bar (m)	बार (m)	bār
desayuno (m)	नाश्ता (m)	nāshta
cena (f)	रात्रिभोज (m)	rātribhoj
buffet (m) libre	बुफ़े (m)	bufe

| vestíbulo (m) | लॉबी (f) | lobī |
| ascensor (m) | लिफ्ट (m) | lift |

| NO MOLESTAR | परेशान न करें | pareshān na karen |
| PROHIBIDO FUMAR | धुम्रपान निषेध! | dhumrapān nishedh! |

22. El turismo. La excursión

monumento (m)	स्मारक (m)	smārak
fortaleza (f)	किला (m)	kila
palacio (m)	भवन (m)	bhavan
castillo (m)	महल (m)	mahal
torre (f)	मीनार (m)	mīnār
mausoleo (m)	समाधि (f)	samādhi

arquitectura (f)	वस्तुशाला (m)	vastushāla
medieval (adj)	मध्ययुगीय	madhayayugīy
antiguo (adj)	प्राचीन	prāchīn
nacional (adj)	राष्ट्रीय	rāshtrīy
conocido (adj)	मशहूर	mashhūr

turista (m)	पर्यटक (m)	paryatak
guía (m) (persona)	गाइड (m)	gaid
excursión (f)	पर्यटन यात्रा (m)	paryatan yātra
mostrar (vt)	दिखाना	dikhāna

contar (una historia)	बताना	batāna
encontrar (hallar)	ढूँढना	dhūnrhana
perderse (vr)	खो जाना	kho jāna
plano (m) (~ de metro)	नक्शा (m)	naksha
mapa (m) (~ de la ciudad)	नक्शा (m)	naksha
recuerdo (m)	यादगार (m)	yādagār
tienda (f) de regalos	गिफ़्ट शॉप (f)	gift shop
hacer fotos	फोटो खींचना	foto khīnchana
fotografiarse (vr)	अपना फ़ोटो खिंचवाना	apana foto khinchavāna

EL TRANSPORTE

23. El aeropuerto

aeropuerto (m)	हवाई अड्डा (m)	havaī adda
avión (m)	विमान (m)	vimān
compañía (f) aérea	हवाई कम्पनी (f)	havaī kampanī
controlador (m) aéreo	हवाई यातायात नियंत्रक (m)	havaī yātāyāt niyantrak
despegue (m)	प्रस्थान (m)	prasthān
llegada (f)	आगमन (m)	āgaman
llegar (en avión)	पहुंचना	pahunchana
hora (f) de salida	उड़ान का समय (m)	urān ka samay
hora (f) de llegada	आगमन का समय (m)	āgaman ka samay
retrasarse (vr)	देर से आना	der se āna
retraso (m) de vuelo	उड़ान देरी (f)	urān derī
pantalla (f) de información	सूचना बोर्ड (m)	sūchana bord
información (f)	सूचना (f)	sūchana
anunciar (vt)	घोषणा करना	ghoshana karana
vuelo (m)	फ्लाइट (f)	flait
aduana (f)	सीमाशुल्क कार्यालय (m)	sīmāshulk kāryālay
aduanero (m)	सीमाशुल्क अधिकारी (m)	sīmāshulk adhikārī
declaración (f) de aduana	सीमाशुल्क घोषणा (f)	sīmāshulk ghoshana
rellenar la declaración	सीमाशुल्क घोषणा भरना	sīmāshulk ghoshana bharana
control (m) de pasaportes	पास्पोर्ट जांच (f)	pāsport jānch
equipaje (m)	सामान (m)	sāmān
equipaje (m) de mano	दस्ती सामान (m)	dastī sāmān
carrito (m) de equipaje	सामान के लिये गाड़ी (f)	sāmān ke liye gārī
aterrizaje (m)	विमानारोहण (m)	vimānārohan
pista (f) de aterrizaje	विमानारोहण मार्ग (m)	vimānārohan mārg
aterrizar (vi)	उतरना	utarana
escaleras (f pl) (de avión)	सीढ़ी (f)	sīrhī
facturación (f) (check-in)	चेक-इन (m)	chek-in
mostrador (m) de facturación	चेक-इन डेस्क (m)	chek-in desk
hacer el check-in	चेक-इन करना	chek-in karana
tarjeta (f) de embarque	बोर्डिंग पास (m)	bording pās
puerta (f) de embarque	प्रस्थान गेट (m)	prasthān get
tránsito (m)	पारवहन (m)	pāravahan
esperar (aguardar)	इंतज़ार करना	intazār karana
zona (f) de preembarque	प्रतीक्षालय (m)	pratīkshālay
despedir (vt)	विदा करना	vida karana
despedirse (vr)	विदा कहना	vida kahana

24. El avión

avión (m)	विमान (m)	vimān
billete (m) de avión	हवाई टिकट (m)	havaī tikat
compañía (f) aérea	हवाई कम्पनी (f)	havaī kampanī
aeropuerto (m)	हवाई अड्डा (m)	havaī adda
supersónico (adj)	पराध्वनिक	parādhvanik
comandante (m)	कसान (m)	kaptān
tripulación (f)	वैमानिक दल (m)	vaimānik dal
piloto (m)	विमान चालक (m)	vimān chālak
azafata (f)	एयर होस्टस (f)	eyar hostas
navegador (m)	नैवीगेटर (m)	naivīgetar
alas (f pl)	पंख (m pl)	pankh
cola (f)	पूँछ (f)	pūnchh
cabina (f)	कॉकपिट (m)	kokapit
motor (m)	इंजन (m)	injan
tren (m) de aterrizaje	हवाई जहाज़ पहिये (m)	havaī jahāz pahiye
turbina (f)	टरबाइन (f)	tarabain
hélice (f)	प्रोपेलर (m)	propelar
caja (f) negra	ब्लैक बॉक्स (m)	blaik boks
timón (m)	कंट्रोल कॉलम (m)	kantrol kolam
combustible (m)	ईंधन (m)	īndhan
instructivo (m) de seguridad	सुरक्षा-पत्र (m)	suraksha-patr
respirador (m) de oxígeno	ऑक्सीजन मास्क (m)	oksījan māsk
uniforme (m)	वर्दी (f)	vardī
chaleco (m) salvavidas	बचाव पेटी (f)	bachāv petī
paracaídas (m)	पैराशूट (m)	pairāshūt
despegue (m)	उड़ान (m)	urān
despegar (vi)	उड़ना	urana
pista (f) de despegue	उड़ान पट्टी (f)	urān pattī
visibilidad (f)	दृश्यता (f)	drshyata
vuelo (m)	उड़ान (m)	urān
altura (f)	ऊचाई (f)	ūnchaī
pozo (m) de aire	वायु-पॉकेट (m)	vāyu-poket
asiento (m)	सीट (f)	sīt
auriculares (m pl)	हेडफ़ोन (m)	hedafon
mesita (f) plegable	ट्रे टेबल (f)	tre tebal
ventana (f)	हवाई जहाज़ की खिड़की (f)	havaī jahāz kī khirakī
pasillo (m)	गलियारा (m)	galiyāra

25. El tren

tren (m)	रेलगाड़ी, ट्रेन (f)	relagārī, tren
tren (m) de cercanías	लोकल ट्रेन (f)	lokal tren
tren (m) rápido	तेज़ रेलगाड़ी (f)	tez relagārī
locomotora (f) diésel	डीज़ल रेलगाड़ी (f)	dīzal relagārī

tren (m) de vapor	स्टीम इंजन (f)	stīm injan
coche (m)	कोच (f)	koch
coche (m) restaurante	डाइनर (f)	dainar

rieles (m pl)	पटरियाँ (f)	patariyān
ferrocarril (m)	रेलवे (f)	relave
traviesa (f)	पटरियाँ (f)	patariyān

plataforma (f)	प्लेटफॉर्म (m)	pletaform
vía (f)	प्लेटफॉर्म (m)	pletaform
semáforo (m)	सिग्नल (m)	signal
estación (f)	स्टेशन (m)	steshan

maquinista (m)	इंजन ड्राइवर (m)	injan draivar
maletero (m)	कुली (m)	kulī
mozo (m) del vagón	कोच एटेंडेंट (m)	koch etendent
pasajero (m)	मुसाफ़िर (m)	musāfir
revisor (m)	टीटी (m)	tītī

| corredor (m) | गलियारा (m) | galiyāra |
| freno (m) de urgencia | आपात ब्रेक (m) | āpāt brek |

compartimiento (m)	डिब्बा (m)	dibba
litera (f)	बर्थ (f)	barth
litera (f) de arriba	ऊपरी बर्थ (f)	ūparī barth
litera (f) de abajo	निचली बर्थ (f)	nīchalī barth
ropa (f) de cama	बिस्तर (m)	bistar

billete (m)	टिकट (m)	tikat
horario (m)	टाइम टैबल (m)	taim taibul
pantalla (f) de información	सूचना बोर्ड (m)	sūchana bord

partir (vi)	चले जाना	chale jāna
partida (f) (del tren)	रवानगी (f)	ravānagī
llegar (tren)	पहुंचना	pahunchana
llegada (f)	आगमन (m)	āgaman

llegar en tren	गाड़ी से पहुंचना	gāṛī se pahunchana
tomar el tren	गाड़ी पकड़ना	gāḍī pakarana
bajar del tren	गाड़ी से उतरना	gāṛī se utarana

descarrilamiento (m)	दुर्घटनाग्रस्त (f)	durghatanāgrast
tren (m) de vapor	स्टीम इंजन (m)	stīm injan
fogonero (m)	अग्निशामक (m)	agnishāmak
hogar (m)	भट्ठी (f)	bhatthī
carbón (m)	कोयला (m)	koyala

26. El barco

| barco, buque (m) | जहाज़ (m) | jahāz |
| navío (m) | जहाज़ (m) | jahāz |

| buque (m) de vapor | जहाज़ (m) | jahāz |
| motonave (f) | मोटर बोट (m) | motar bot |

trasatlántico (m)	लाइनर (m)	lainar
crucero (m)	क्रूज़र (m)	krūzar
yate (m)	याख़्ट (m)	yākht
remolcador (m)	कर्षक पोत (m)	karshak pot
barcaza (f)	बार्ज (f)	bārj
ferry (m)	फेरी बोट (f)	ferī bot
velero (m)	पाल नाव (f)	pāl nāv
bergantín (m)	बादबानी (f)	bādabānī
rompehielos (m)	हिमभंजक पोत (m)	himabhanjak pot
submarino (m)	पनडुब्बी (f)	panadubbī
bote (m) de remo	नाव (m)	nāv
bote (m)	किश्ती (f)	kishtī
bote (m) salvavidas	जीवन रक्षा किश्ती (f)	jīvan raksha kishtī
lancha (f) motora	मोटर बोट (m)	motar bot
capitán (m)	कसान (m)	kaptān
marinero (m)	मल्लाह (m)	mallāh
marino (m)	मल्लाह (m)	mallāh
tripulación (f)	वैमानिक दल (m)	vaimānik dal
contramaestre (m)	बोसुन (m)	bosun
grumete (m)	बोसुन (m)	bosun
cocinero (m) de abordo	रसोइया (m)	rasoiya
médico (m) del buque	पोत डाक्टर (m)	pot dāktar
cubierta (f)	डेक (m)	dek
mástil (m)	मस्तूल (m)	mastūl
vela (f)	पाल (m)	pāl
bodega (f)	कार्गी (m)	kārgo
proa (f)	जहाज़ का अगड़ा हिस्सा (m)	jahāz ka agara hissa
popa (f)	जहाज़ का पिछला हिस्सा (m)	jahāz ka pichhala hissa
remo (m)	चप्पू (m)	chappū
hélice (f)	जहाज़ की पंखी चलाने का पेंच (m)	jahāz kī pankhī chalāne ka pench
camarote (m)	कैबिन (m)	kaibin
sala (f) de oficiales	मेस (f)	mes
sala (f) de máquinas	मशीन-कमरा (m)	mashīn-kamara
puente (m) de mando	ब्रिज (m)	brij
sala (f) de radio	रेडियो केबिन (m)	rediyo kebin
onda (f)	रेडियो तरंग (f)	rediyo tarang
cuaderno (m) de bitácora	जहाज़ी रजिस्टर (m)	jahāzī rajistar
anteojo (m)	टेलिस्कोप (m)	teliskop
campana (f)	घंटा (m)	ghanta
bandera (f)	झंडा (m)	jhanda
cabo (m) (maroma)	रस्सा (m)	rassa
nudo (m)	जहाज़ी गांठ (f)	jahāzī gānth
pasamano (m)	रेलिंग (f)	reling
pasarela (f)	सीढ़ी (f)	sīrhī

ancla (f)	लंगर (m)	langar
levar ancla	लंगर उठाना	langar uthāna
echar ancla	लंगर डालना	langar dālana
cadena (f) del ancla	लंगर की ज़जीर (f)	langar kī zajīr
puerto (m)	बंदरगाह (m)	bandaragāh
embarcadero (m)	घाट (m)	ghāt
amarrar (vt)	किनारे लगना	kināre lagana
desamarrar (vt)	रवाना होना	ravāna hona
viaje (m)	यात्रा (f)	yātra
crucero (m) (viaje)	जलयात्रा (f)	jalayātra
derrota (f) (rumbo)	दिशा (f)	disha
itinerario (m)	मार्ग (m)	mārg
canal (m) navegable	नाव्य जलपथ (m)	nāvy jalapath
bajío (m)	छिछला पानी (m)	chhichhala pānī
encallar (vi)	छिछले पानी	chhichhale pānī
	में धसना	men dhansana
tempestad (f)	तूफ़ान (m)	tufān
señal (f)	सिग्नल (m)	signal
hundirse (vr)	डूबना	dūbana
SOS	एसओएस	esoes
aro (m) salvavidas	लाइफ़ ब्वाय (m)	laif bvāy

LA CIUDAD

27. El transporte urbano

autobús (m)	बस (f)	bas
tranvía (m)	ट्रैम (m)	traim
trolebús (m)	ट्रॉलीबस (f)	trolības
itinerario (m)	मार्ग (m)	mārg
número (m)	नम्बर (m)	nambar
ir en ...	के माध्यम से जाना	ke mādhyam se jāna
tomar (~ el autobús)	सवार होना	savār hona
bajar (~ del tren)	उतरना	utarana
parada (f)	बस स्टॉप (m)	bas stop
próxima parada (f)	अगला स्टॉप (m)	agala stop
parada (f) final	अंतिम स्टेशन (m)	antim steshan
horario (m)	समय सारणी (f)	samay sāranī
esperar (aguardar)	इतज़ार करना	intazār karana
billete (m)	टिकट (m)	tikat
precio (m) del billete	टिकट का किराया (m)	tikat ka kirāya
cajero (m)	कैशियर (m)	kaishiyar
control (m) de billetes	टिकट जाँच (f)	tikat jānch
revisor (m)	कंडक्टर (m)	kandaktar
llegar tarde (vi)	देर हो जाना	der ho jāna
perder (~ el tren)	छूट जाना	chhūt jāna
tener prisa	जल्दी में रहना	jaldī men rahana
taxi (m)	टैक्सी (m)	taiksī
taxista (m)	टैक्सीवाला (m)	taiksīvāla
en taxi	टैक्सी से (m)	taiksī se
parada (f) de taxi	टैक्सी स्टैंड (m)	taiksī staind
llamar un taxi	टैक्सी बुलाना	taiksī bulāna
tomar un taxi	टैक्सी लेना	taiksī lena
tráfico (m)	यातायात (f)	yātāyāt
atasco (m)	ट्रैफ़िक जाम (m)	traifik jām
horas (f pl) de punta	भीड़ का समय (m)	bhīr ka samay
aparcar (vi)	पार्क करना	pārk karana
aparcar (vt)	पार्क करना	pārk karana
aparcamiento (m)	पार्किंग (f)	pārking
metro (m)	मेट्रो (m)	metro
estación (f)	स्टेशन (m)	steshan
ir en el metro	मेट्रो लेना	metro lena
tren (m)	रेलगाड़ी, ट्रेन (f)	relagārī, tren
estación (f)	स्टेशन (m)	steshan

28. La ciudad. La vida en la ciudad

ciudad (f)	नगर (m)	nagar
capital (f)	राजधानी (f)	rājadhānī
aldea (f)	गांव (m)	gānv
plano (m) de la ciudad	नगर का नक्शा (m)	nagar ka naksha
centro (m) de la ciudad	नगर का केन्द्र (m)	nagar ka kendr
suburbio (m)	उपनगर (m)	upanagar
suburbano (adj)	उपनगरिक	upanagarik
arrabal (m)	बाहरी इलाका (m)	bāharī ilāka
afueras (f pl)	इर्दगिर्द के इलाके (m pl)	irdagird ke ilāke
barrio (m)	सेक्टर (m)	sektar
zona (f) de viviendas	मुहल्ला (m)	muhalla
tráfico (m)	यातायात (f)	yātāyāt
semáforo (m)	यातायात सिग्नल (m)	yātāyāt signal
transporte (m) urbano	जन परिवहन (m)	jan parivahan
cruce (m)	चौराहा (m)	chaurāha
paso (m) de peatones	ज़ेबरा क्रॉसिंग (f)	zebara krosing
paso (m) subterráneo	पैदल यात्रियों के लिए अंडरपास (f)	paidal yātriyon ke lie andarapās
cruzar (vt)	सड़क पार करना	sarak pār karana
peatón (m)	पैदल-यात्री (m)	paidal-yātrī
acera (f)	फुटपाथ (m)	futapāth
puente (m)	पुल (m)	pul
muelle (m)	तट (m)	tat
fuente (f)	फौवारा (m)	fauvāra
alameda (f)	छायापथ (f)	chhāyāpath
parque (m)	पार्क (m)	pārk
bulevar (m)	चौड़ी सड़क (m)	chaurī sarak
plaza (f)	मैदान (m)	maidān
avenida (f)	मार्ग (m)	mārg
calle (f)	सड़क (f)	sarak
callejón (m)	गली (f)	galī
callejón (m) sin salida	बंद गली (f)	band galī
casa (f)	मकान (m)	makān
edificio (m)	इमारत (f)	imārat
rascacielos (m)	गगनचुंबी भवन (f)	gaganachumbī bhavan
fachada (f)	अगवाड़ा (m)	agavāra
techo (m)	छत (f)	chhat
ventana (f)	खिड़की (f)	khirakī
arco (m)	मेहराब (m)	meharāb
columna (f)	स्तंभ (m)	stambh
esquina (f)	कोना (m)	kona
escaparate (f)	दुकान का शो-केस (m)	dukān ka sho-kes
letrero (m) (~ luminoso)	साईनबोर्ड (m)	saīnabord
cartel (m)	पोस्टर (m)	postar

cartel (m) publicitario	विज्ञापन पोस्टर (m)	vigyāpan postar
valla (f) publicitaria	बिलबोर्ड (m)	bilabord
basura (f)	कूड़ा (m)	kūra
cajón (m) de basura	कूड़े का डिब्बा (m)	kūre ka dibba
tirar basura	कूड़ा-करकट डालना	kūra-karkat dālana
basurero (m)	डम्पिंग ग्राउंड (m)	damping graund
cabina (f) telefónica	फ़ोन बूथ (m)	fon būth
farola (f)	बिजली का खंभा (m)	bijalī ka khambha
banco (m) (del parque)	पार्क-बेंच (f)	pārk-bench
policía (m)	पुलिसवाला (m)	pulisavāla
policía (f) (~ nacional)	पुलिस (m)	pulis
mendigo (m)	भिखारी (m)	bhikhārī
persona (f) sin hogar	बेघर (m)	beghar

29. Las instituciones urbanas

tienda (f)	दुकान (f)	dukān
farmacia (f)	दवाख़ाना (m)	davākhāna
óptica (f)	चश्मे की दुकान (f)	chashme kī dukān
centro (m) comercial	शॉपिंग मॉल (m)	shoping mol
supermercado (m)	सुपर बाज़ार (m)	supar bāzār
panadería (f)	बेकरी (f)	bekarī
panadero (m)	बेकर (m)	bekar
pastelería (f)	टॉफ़ी की दुकान (f)	tofī kī dukān
tienda (f) de comestibles	परचून की दुकान (f)	parachūn kī dukān
carnicería (f)	गोश्त की दुकान (f)	gosht kī dukān
verdulería (f)	सब्ज़ियों की दुकान (f)	sabziyon kī dukān
mercado (m)	बाज़ार (m)	bāzār
cafetería (f)	काफ़ी हाउस (m)	kāfī haus
restaurante (m)	रेस्टराँ (m)	restarān
cervecería (f)	शराबख़ाना (m)	sharābakhāna
pizzería (f)	पिट्ज़ा की दुकान (f)	pitza kī dukān
peluquería (f)	नाई की दुकान (f)	naī kī dukān
oficina (f) de correos	डाकघर (m)	dākaghar
tintorería (f)	ड्राइक्लीनर (m)	draiklīnar
estudio (m) fotográfico	फ़ोटो की दुकान (f)	foto kī dukān
zapatería (f)	जूते की दुकान (f)	jūte kī dukān
librería (f)	किताबों की दुकान (f)	kitābon kī dukān
tienda (f) deportiva	खेलकूद की दुकान (f)	khelakūd kī dukān
arreglos (m pl) de ropa	कपड़ों की मरम्मत की दुकान (f)	kaparon kī marammat kī dukān
alquiler (m) de ropa	कपड़ों को किराए पर देने की दुकान (f)	kaparon ko kirae par dene kī dukān
videoclub (m)	वीडियो रेन्टल दुकान (f)	vīdiyo rental dukān
circo (m)	सर्कस (m)	sarkas

zoológico (m)	चिड़ियाघर (m)	chiriyāghar
cine (m)	सिनेमाघर (m)	sinemāghar
museo (m)	संग्रहालय (m)	sangrahālay
biblioteca (f)	पुस्तकालय (m)	pustakālay
teatro (m)	रंगमंच (m)	rangamanch
ópera (f)	ओपेरा (m)	opera
club (m) nocturno	नाईट क्लब (m)	naīt klab
casino (m)	केसिनो (m)	kesino
mezquita (f)	मस्जिद (m)	masjid
sinagoga (f)	सीनागोग (m)	sīnāgog
catedral (f)	गिरजाघर (m)	girajāghar
templo (m)	मंदिर (m)	mandir
iglesia (f)	गिरजाघर (m)	girajāghar
instituto (m)	कॉलेज (m)	kolej
universidad (f)	विश्वविद्यालय (m)	vishvavidyālay
escuela (f)	विद्यालय (m)	vidyālay
prefectura (f)	प्रशासक प्रान्त (m)	prashāsak prānt
alcaldía (f)	सिटी हॉल (m)	sitī hol
hotel (m)	होटल (f)	hotal
banco (m)	बैंक (m)	baink
embajada (f)	दूतावस (m)	dūtāvas
agencia (f) de viajes	पर्यटन आफ़िस (m)	paryatan āfis
oficina (f) de información	पूछताछ कार्यालय (m)	pūchhatāchh kāryālay
oficina (f) de cambio	मुद्रालय (m)	mudrālay
metro (m)	मेट्रो (m)	metro
hospital (m)	अस्पताल (m)	aspatāl
gasolinera (f)	पेट्रोल पम्प (f)	petrol pamp
aparcamiento (m)	पार्किंग (f)	pārking

30. Los avisos

letrero (m) (~ luminoso)	साईनबोर्ड (m)	saīnabord
cartel (m) (texto escrito)	दुकान का साईन (m)	dukān ka saīn
pancarta (f)	पोस्टर (m)	postar
señal (m) de dirección	दिशा संकेतक (m)	disha sanketak
flecha (f) (signo)	तीर दिशा संकेतक (m)	tīr disha sanketak
advertencia (f)	चेतावनी (f)	chetāvanī
aviso (m)	चेतावनी संकेतक (m)	chetāvanī sanketak
advertir (vt)	चेतावनी देना	chetāvanī dena
día (m) de descanso	छुट्टी का दिन (m)	chhuttī ka din
horario (m)	समय सारणी (f)	samay sāranī
horario (m) de apertura	खुलने का समय (m)	khulane ka samay
¡BIENVENIDOS!	आपका स्वागत है!	āpaka svāgat hai!
ENTRADA	प्रवेश	pravesh

SALIDA	निकास	nikās
EMPUJAR	धक्का दें	dhakka den
TIRAR	खींचे	khīnche
ABIERTO	खुला	khula
CERRADO	बद	band

| MUJERES | औरतों के लिये | auraton ke liye |
| HOMBRES | आदमियों के लिये | ādamiyon ke liye |

REBAJAS	डिस्काउन्ट	diskaunt
SALDOS	सेल	sel
NOVEDAD	नया!	naya!
GRATIS	मुफ्त	muft

¡ATENCIÓN!	ध्यान दें।	dhyān den!
COMPLETO	कोई जगह खाली नहीं है	koī jagah khālī nahin hai
RESERVADO	रिज़र्वड	rizarvad

| ADMINISTRACIÓN | प्रशासन | prashāsan |
| SÓLO PERSONAL AUTORIZADO | केवल कर्मचारियों के लिए | keval karmachāriyon ke lie |

CUIDADO CON EL PERRO	कुत्ते से सावधान!	kutte se sāvadhān!
PROHIBIDO FUMAR	धूम्रपान निषेध!	dhumrapān nishedh!
NO TOCAR	छूना मना!	chhūna mana!

PELIGROSO	खतरा	khatara
PELIGRO	खतरा	khatara
ALTA TENSIÓN	उच्च वोल्टेज	uchch voltej
PROHIBIDO BAÑARSE	तैरना मना!	tairana mana!
NO FUNCIONA	ख़राब	kharāb

INFLAMABLE	ज्वलनशील	jvalanashīl
PROHIBIDO	निषिद्ध	nishiddh
PROHIBIDO EL PASO	प्रवेश निषेध!	pravesh nishedh!
RECIÉN PINTADO	गीला पेंट	gīla pent

31. Las compras

comprar (vt)	खरीदना	kharīdana
compra (f)	खरीदारी (f)	kharīdārī
hacer compras	खरीदारी करने जाना	kharīdārī karane jāna
compras (f pl)	खरीदारी (f)	kharīdārī

| estar abierto (tienda) | खुला होना | khula hona |
| estar cerrado | बन्द होना | band hona |

calzado (m)	जूता (m)	jūta
ropa (f)	पोशाक (m)	poshāk
cosméticos (m pl)	श्रृंगार-सामग्री (f)	shrrngār-sāmagrī
productos alimenticios	खाने-पीने की चीज़ें (f pl)	khāne-pīne kī chīzen
regalo (m)	उपहार (m)	upahār
vendedor (m)	बेचनेवाला (m)	bechanevāla
vendedora (f)	बेचनेवाली (f)	bechanevālī

caja (f)	कैश-काउन्टर (m)	kaish-kauntar
espejo (m)	आईना (m)	āīna
mostrador (m)	काउन्टर (m)	kauntar
probador (m)	ट्राई करने का कमरा (m)	traī karane ka kamara
probar (un vestido)	ट्राई करना	traī karana
quedar (una ropa, etc.)	फिटिंग करना	fiting karana
gustar (vi)	पसंद करना	pasand karana
precio (m)	दाम (m)	dām
etiqueta (f) de precio	प्राइस टैग (m)	prais taig
costar (vt)	दाम होना	dām hona
¿Cuánto?	कितना?	kitana?
descuento (m)	डिस्काउन्ट (m)	diskaunt
no costoso (adj)	सस्ता	sasta
barato (adj)	सस्ता	sasta
caro (adj)	महंगा	mahanga
Es caro	यह महंगा है	yah mahanga hai
alquiler (m)	रेन्टल (m)	rental
alquilar (vt)	किराए पर लेना	kirae par lena
crédito (m)	क्रेडिट (m)	kredit
a crédito (adv)	क्रेडिट पर	kredit par

LA ROPA Y LOS ACCESORIOS

32. La ropa exterior. Los abrigos

ropa (f)	कपड़े (m)	kapare
ropa (f) de calle	बाहरी पोशाक (m)	bāharī poshāk
ropa (f) de invierno	सर्दियों की पोशक (f)	sardiyon kī poshak
abrigo (m)	ओवरकोट (m)	ovarakot
abrigo (m) de piel	फरकोट (m)	farakot
abrigo (m) corto de piel	फ़र की जैकेट (f)	far kī jaiket
chaqueta (f) plumón	फ़ेदर कोट (m)	fedar kot
cazadora (f)	जैकेट (f)	jaiket
impermeable (m)	बरसाती (f)	barasātī
impermeable (adj)	जलरोधक	jalarodhak

33. Ropa de hombre y mujer

camisa (f)	कमीज़ (f)	kamīz
pantalones (m pl)	पैंट (m)	paint
jeans, vaqueros (m pl)	जीन्स (m)	jīns
chaqueta (f), saco (m)	कोट (m)	kot
traje (m)	सूट (m)	sūt
vestido (m)	फ़्रॉक (f)	frok
falda (f)	स्कर्ट (f)	skart
blusa (f)	ब्लाउज़ (f)	blauz
rebeca (f),	कार्डिगन (f)	kārdigan
chaqueta (f) de punto		
chaqueta (f)	जैकेट (f)	jaiket
camiseta (f) (T-shirt)	टी-शर्ट (f)	tī-shart
pantalones (m pl) cortos	शॉर्ट्स (m pl)	shorts
traje (m) deportivo	ट्रैक सूट (m)	traik sūt
bata (f) de baño	बाथ रोब (m)	bāth rob
pijama (m)	पजामा (m)	pajāma
suéter (m)	सूटर (m)	sūtar
pulóver (m)	पुलोवर (m)	pulovar
chaleco (m)	बण्डी (m)	bandī
frac (m)	टेल-कोट (m)	tel-kot
esmoquin (m)	डिनर-जैकेट (f)	dinar-jaiket
uniforme (m)	वर्दी (f)	vardī
ropa (f) de trabajo	वर्दी (f)	vardī
mono (m)	ओवरऑल्स (m)	ovarols
bata (f) (p. ej. ~ blanca)	कोट (m)	kot

34. La ropa. La ropa interior

ropa (f) interior	अंगवस्त्र (m)	angavastr
camiseta (f) interior	बनियान (f)	baniyān
calcetines (m pl)	मोज़े (m pl)	moze
camisón (m)	नाइट गाउन (m)	nait gaun
sostén (m)	ब्रा (f)	bra
calcetines (m pl) altos	घुटनों तक के मोज़े (m)	ghutanon tak ke moze
pantimedias (f pl)	टाइट्स (m pl)	taits
medias (f pl)	स्टॉकिंग (m pl)	stāking
traje (m) de baño	स्विम सूट (m)	svim sūt

35. Gorras

gorro (m)	टोपी (f)	topī
sombrero (m) de fieltro	हैट (f)	hait
gorra (f) de béisbol	बैस्बॉल कैप (f)	baisbol kaip
gorra (f) plana	फ़्लैट कैप (f)	flait kaip
boina (f)	बेरेट (m)	beret
capuchón (m)	हूड (m)	hūd
panamá (m)	पनामा हैट (m)	panāma hait
gorro (m) de punto	बुनी हुई टोपी (f)	bunī huī topī
pañuelo (m)	सिर का स्कार्फ़ (m)	sir ka skārf
sombrero (m) de mujer	महिलाओं की टोपी (f)	mahilaon kī topī
casco (m) (~ protector)	हेलमेट (f)	helamet
gorro (m) de campaña	पुलिसीया टोपी (f)	pulisīya topī
casco (m) (~ de moto)	हेलमेट (f)	helamet
bombín (m)	बॉलर हैट (m)	bolar hait
sombrero (m) de copa	टॉप हैट (m)	top hait

36. El calzado

calzado (m)	पनही (f)	panahī
botas (f pl)	जूते (m pl)	jūte
zapatos (m pl) (~ de tacón bajo)	जूते (m pl)	jūte
botas (f pl) altas	बूट (m pl)	būt
zapatillas (f pl)	चप्पल (f pl)	chappal
tenis (m pl)	टेनिस के जूते (m)	tenis ke jūte
zapatillas (f pl) de lona	स्नीकर्स (m)	snīkars
sandalias (f pl)	सैन्डल (f)	saindal
zapatero (m)	मोची (m)	mochī
tacón (m)	एड़ी (f)	erī
par (m)	जोड़ा (m)	jora

cordón (m)	जूते का फ़ीता (m)	jūte ka fīta
encordonar (vt)	फ़ीता बाँधना	fīta bāndhana
calzador (m)	शू-होर्न (m)	shū-horn
betún (m)	बूट-पालिश (m)	būt-pālish

37. Accesorios personales

guantes (m pl)	दस्ताने (m pl)	dastāne
manoplas (f pl)	दस्ताने (m pl)	dastāne
bufanda (f)	मफ़लर (m)	mafalar
gafas (f pl)	ऐनक (m pl)	ainak
montura (f)	चश्मे का फ्रेम (m)	chashme ka frem
paraguas (m)	छतरी (f)	chhatarī
bastón (m)	छड़ी (f)	chharī
cepillo (m) de pelo	ब्रश (m)	brash
abanico (m)	पंखा (m)	pankha
corbata (f)	टाई (f)	taī
pajarita (f)	बो टाई (f)	bo taī
tirantes (m pl)	पतलून बाँधने का फ़ीता (m)	patalūn bāndhane ka fīta
moquero (m)	रूमाल (m)	rūmāl
peine (m)	कंघा (m)	kangha
pasador (m) de pelo	बालपिन (f)	bālapin
horquilla (f)	हेयरक्लीप (f)	heyaraklīp
hebilla (f)	बकसुआ (m)	bakasua
cinturón (m)	बेल्ट (m)	belt
correa (f) (de bolso)	कंधे का पट्टा (m)	kandhe ka patta
bolsa (f)	बैग (m)	baig
bolso (m)	पर्स (m)	pars
mochila (f)	बैकपैक (m)	baikapaik

38. La ropa. Miscelánea

moda (f)	फ़ैशन (m)	faishan
de moda (adj)	प्रचलन में	prachalan men
diseñador (m) de moda	फ़ैशन डिज़ाइनर (m)	faishan dizainar
cuello (m)	कॉलर (m)	kolar
bolsillo (m)	जेब (m)	jeb
de bolsillo (adj)	जेब	jeb
manga (f)	आस्तीन (f)	āstīn
presilla (f)	हैंगिंग लूप (f)	hainging lūp
bragueta (f)	ज़िप (f)	zip
cremallera (f)	ज़िप (f)	zip
cierre (m)	हुक (m)	huk
botón (m)	बटन (m)	batan
ojal (m)	बटन का काज (m)	batan ka kāj

saltar (un botón)	निकल जाना	nikal jāna
coser (vi, vt)	सीना	sīna
bordar (vt)	काढ़ना	kārhana
bordado (m)	कढ़ाई (f)	karhaī
aguja (f)	सूई (f)	sūī
hilo (m)	धागा (m)	dhāga
costura (f)	सीवन (m)	sīvan

ensuciarse (vr)	मैला होना	maila hona
mancha (f)	धब्बा (m)	dhabba
arrugarse (vr)	शिकन पड़ जाना	shikan par jāna
rasgar (vt)	फट जाना	fat jāna
polilla (f)	कपड़ों के कीड़े (m)	kaparon ke kīre

39. Productos personales. Cosméticos

pasta (f) de dientes	टूथपेस्ट (m)	tūthapest
cepillo (m) de dientes	टूथब्रश (m)	tūthabrash
limpiarse los dientes	दाँत साफ़ करना	dānt sāf karana

maquinilla (f) de afeitar	रेज़र (f)	rezar
crema (f) de afeitar	हजामत का क्रीम (m)	hajāmat ka krīm
afeitarse (vr)	शेव करना	shev karana

| jabón (m) | साबुन (m) | sābun |
| champú (m) | शैम्पू (m) | shaimpū |

tijeras (f pl)	कैंची (f pl)	kainchī
lima (f) de uñas	नाख़ून घिसनी (f)	nākhūn ghisanī
cortaúñas (m pl)	नाख़ून कतरनी (f)	nākhūn kataranī
pinzas (f pl)	ट्वीज़र्स (f)	tvīzars

cosméticos (m pl)	श्रृंगार-सामग्री (f)	shrrngār-sāmagrī
mascarilla (f)	चेहरे का लेप (m)	chehare ka lep
manicura (f)	मैनीक्योर (m)	mainīkyor
hacer la manicura	मैनीक्योर करवाना	mainīkyor karavāna
pedicura (f)	पेडिक्यूर (m)	pedikyūr

bolsa (f) de maquillaje	श्रृंगार थैली (f)	shrrngār thailī
polvos (m pl)	पाउडर (m)	paudar
polvera (f)	कॉम्पैक्ट पाउडर (m)	kompaikt paudar
colorete (m), rubor (m)	ब्लशर (m)	blashar

perfume (m)	ख़ुशबू (f)	khushabū
agua (f) de tocador	टॉयलेट वॉटर (m)	tāyalet votar
loción (f)	लोशन (m)	loshan
agua (f) de Colonia	कोलोन (m)	kolon

sombra (f) de ojos	आई-शैडो (m)	āī-shaido
lápiz (m) de ojos	आई-पेंसिल (f)	āī-pensil
rímel (m)	मस्कारा (m)	maskāra

| pintalabios (m) | लिपस्टिक (m) | lipastik |
| esmalte (m) de uñas | नेल पॉलिश (f) | nel polish |

| fijador (m) para el pelo | हेयर स्प्रे (m) | heyar spre |
| desodorante (m) | डिओडरेन्ट (m) | diodarent |

crema (f)	क्रीम (m)	krīm
crema (f) de belleza	चेहरे की क्रीम (f)	chehare kī krīm
crema (f) de manos	हाथ की क्रीम (f)	hāth kī krīm
crema (f) antiarrugas	एंटी रिंकल क्रीम (f)	entī rinkal krīm
de día (adj)	दिन का	din ka
de noche (adj)	रात का	rāt ka

tampón (m)	टैम्पन (m)	taimpan
papel (m) higiénico	टॉयलेट पेपर (m)	toyalet pepar
secador (m) de pelo	हेयर ड्रायर (m)	heyar drāyar

40. Los relojes

reloj (m)	घड़ी (f pl)	gharī
esfera (f)	डायल (m)	dāyal
aguja (f)	सुई (f)	suī
pulsera (f)	धातु से बनी घड़ी का पट्टा (m)	dhātu se banī gharī ka patta

| correa (f) (del reloj) | घड़ी का पट्टा (m) | gharī ka patta |

pila (f)	बैटरी (f)	baiterī
descargarse (vr)	ख़त्म हो जाना	khatm ho jāna
cambiar la pila	बैटरी बदलना	baiterī badalana
adelantarse (vr)	तेज़ चलना	tez chalana
retrasarse (vr)	धीमी चलना	dhīmī chalana

reloj (m) de pared	दीवार-घड़ी (f pl)	dīvār-gharī
reloj (m) de arena	रेत-घड़ी (f pl)	ret-gharī
reloj (m) de sol	सूरज-घड़ी (f pl)	sūraj-gharī
despertador (m)	अलार्म घड़ी (f)	alārm gharī
relojero (m)	घड़ीसाज़ (m)	gharīsāz
reparar (vt)	मरम्मत करना	marammat karana

LA EXPERIENCIA DIARIA

41. El dinero

dinero (m)	पैसा (m pl)	paisa
cambio (m)	मुद्रा विनिमय (m)	mudra vinimay
curso (m)	विनिमय दर (m)	vinimay dar
cajero (m) automático	एटीएम (m)	etīem
moneda (f)	सिक्का (m)	sikka
dólar (m)	डॉलर (m)	dolar
euro (m)	यूरो (m)	yūro
lira (f)	लीरा (f)	līra
marco (m) alemán	डचमार्क (m)	dachamārk
franco (m)	फ्रांक (m)	frānk
libra esterlina (f)	पाउन्ड स्टरलिंग (m)	paund staraling
yen (m)	येन (m)	yen
deuda (f)	कर्ज़ (m)	karz
deudor (m)	क़र्ज़दार (m)	qarzadār
prestar (vt)	कर्ज़ देना	karz dena
tomar prestado	कर्ज़ लेना	karz lena
banco (m)	बैंक (m)	baink
cuenta (f)	बैंक खाता (m)	baink khāta
ingresar en la cuenta	बैंक खाते में जमा करना	baink khāte men jama karana
sacar de la cuenta	खाते से पैसे निकालना	khāte se paise nikālana
tarjeta (f) de crédito	क्रेडिट कार्ड (m)	kredit kārd
dinero (m) en efectivo	कैश (m pl)	kaish
cheque (m)	चेक (m)	chek
sacar un cheque	चेक लिखना	chek likhana
talonario (m)	चेकबुक (f)	chekabuk
cartera (f)	बटुआ (m)	batua
monedero (m)	बटुआ (m)	batua
caja (f) fuerte	लॉकर (m)	lokar
heredero (m)	उत्तराधिकारी (m)	uttarādhikārī
herencia (f)	उत्तराधिकार (m)	uttarādhikār
fortuna (f)	संपत्ति (f)	sampatti
arriendo (m)	किराये पर देना (m)	kirāye par dena
alquiler (m) (dinero)	किराया (m)	kirāya
alquilar (~ una casa)	किराए पर लेना	kirae par lena
precio (m)	दाम (m)	dām
coste (m)	कीमत (f)	kīmat
suma (f)	रक़म (m)	raqam

gastar (vt)	खर्च करना	kharch karana
gastos (m pl)	खर्च (m pl)	kharch
economizar (vi, vt)	बचत करना	bachat karana
económico (adj)	किफ़ायती	kifāyatī

pagar (vi, vt)	दाम चुकाना	dām chukāna
pago (m)	भुगतान (m)	bhugatān
cambio (m) (devolver el ~)	चिल्लर (m)	chillar

impuesto (m)	टैक्स (m)	taiks
multa (f)	जुर्माना (m)	jurmāna
multar (vt)	जुर्माना लगाना	jurmāna lagāna

42. La oficina de correos

oficina (f) de correos	डाकघर (m)	dākaghar
correo (m) (cartas, etc.)	डाक (m)	dāk
cartero (m)	डाकिया (m)	dākiya
horario (m) de apertura	खुलने का समय (m)	khulane ka samay

carta (f)	पत्र (m)	patr
carta (f) certificada	रजिस्टरी पत्र (m)	rajistarī patr
tarjeta (f) postal	पोस्ट कार्ड (m)	post kārd
telegrama (m)	तार (m)	tār
paquete (m) postal	पार्सल (f)	pārsal
giro (m) postal	मनी ट्रांसफर (m)	manī trānsafar

recibir (vt)	पाना	pāna
enviar (vt)	भेजना	bhejana
envío (m)	भेज (m)	bhej

dirección (f)	पता (m)	pata
código (m) postal	पिन कोड (m)	pin kod
expedidor (m)	भेजनेवाला (m)	bhejanevāla
destinatario (m)	पानेवाला (m)	pānevāla
nombre (m)	पहला नाम (m)	pahala nām
apellido (m)	उपनाम (m)	upanām

tarifa (f)	डाक दर (m)	dāk dar
ordinario (adj)	मानक	mānak
económico (adj)	किफ़ायती	kifāyatī

peso (m)	वज़न (m)	vazan
pesar (~ una carta)	तोलना	tolana
sobre (m)	लिफ़ाफ़ा (m)	lifāfa
sello (m)	डाक टिकट (m)	dāk tikat
poner un sello	डाक टिकट लगाना	dāk tikat lagāna

43. La banca

banco (m)	बैंक (m)	baink
sucursal (f)	शाखा (f)	shākha

| consultor (m) | क्लर्क (m) | klark |
| gerente (m) | मैनेजर (m) | mainejar |

cuenta (f)	बैंक खाता (m)	baink khāta
numero (m) de la cuenta	खाते का नम्बर (m)	khāte ka nambar
cuenta (f) corriente	चालू खाता (m)	chālū khāta
cuenta (f) de ahorros	बचत खाता (m)	bachat khāta

abrir una cuenta	खाता खोलना	khāta kholana
cerrar la cuenta	खाता बंद करना	khāta band karana
ingresar en la cuenta	खाते में जमा करना	khāte men jama karana
sacar de la cuenta	खाते से पैसा निकालना	khāte se paisa nikālana

depósito (m)	जमा (m)	jama
hacer un depósito	जमा करना	jama karana
giro (m) bancario	तार स्थानांतरण (m)	tār sthānāntaran
hacer un giro	पैसे स्थानांतरित करना	paise sthānāntarit karana

| suma (f) | रक़म (m) | raqam |
| ¿Cuánto? | कितना? | kitana? |

| firma (f) (nombre) | हस्ताक्षर (f) | hastākshar |
| firmar (vt) | हस्ताक्षर करना | hastākshar karana |

tarjeta (f) de crédito	क्रेडिट कार्ड (m)	kredit kārd
código (m)	पिन कोड (m)	pin kod
número (m) de tarjeta de crédito	क्रेडिट कार्ड संख्या (f)	kredit kārd sankhya
cajero (m) automático	एटीएम (m)	etīem

cheque (m)	चेक (m)	chek
sacar un cheque	चेक लिखना	chek likhana
talonario (m)	चेकबुक (f)	chekabuk

crédito (m)	उधार (m)	uthār
pedir el crédito	उधार के लिए आवेदन करना	udhār ke lie āvedan karana
obtener un crédito	उधार लेना	uthār lena
conceder un crédito	उधार देना	uthār dena
garantía (f)	गारन्टी (f)	gārantī

44. El teléfono. Las conversaciones telefónicas

teléfono (m)	फ़ोन (m)	fon
teléfono (m) móvil	मोबाइल फ़ोन (m)	mobail fon
contestador (m)	जवाबी मशीन (f)	javābī mashīn

| llamar, telefonear | फ़ोन करना | fon karana |
| llamada (f) | कॉल (m) | kol |

marcar un número	नम्बर लगाना	nambar lagāna
¿Sí?, ¿Dígame?	हेलो!	helo!
preguntar (vt)	पूछना	pūchhana
responder (vi, vt)	जवाब देना	javāb dena
oír (vt)	सुनना	sunana

bien (adv)	ठीक	thīk
mal (adv)	ठीक नहीं	thīk nahin
ruidos (m pl)	आवाज़ें (f)	āvāzen
auricular (m)	रिसीवर (m)	risīvar
descolgar (el teléfono)	फ़ोन उठाना	fon uthāna
colgar el auricular	फ़ोन रखना	fon rakhana
ocupado (adj)	बिज़ी	bizī
sonar (teléfono)	फ़ोन बजना	fon bajana
guía (f) de teléfonos	टेलीफ़ोन बुक (m)	telīfon buk
local (adj)	लोकल	lokal
de larga distancia	लंबी दूरी की कॉल	lambī dūrī kī kol
internacional (adj)	अंतर्राष्ट्रीय	antarrāshtrīy

45. El teléfono celular

teléfono (m) móvil	मोबाइल फ़ोन (m)	mobail fon
pantalla (f)	डिस्प्ले (m)	disple
botón (m)	बटन (m)	batan
tarjeta SIM (f)	सिम कार्ड (m)	sim kārd
pila (f)	बैटरी (f)	baitarī
descargarse (vr)	बैटरी डेड हो जाना	baitarī ded ho jāna
cargador (m)	चार्जर (m)	chārjar
menú (m)	मीनू (m)	mīnū
preferencias (f pl)	सेटिंग्स (f)	setings
melodía (f)	कॉलर ट्यून (m)	kolar tyūn
seleccionar (vt)	चुनना	chunana
calculadora (f)	कैल्कुलैटर (m)	kailkulaitar
contestador (m)	वॉयस मेल (f)	voyas mel
despertador (m)	अलार्म घड़ी (f)	alārm gharī
contactos (m pl)	संपर्क (m)	sampark
mensaje (m) de texto	एसएमएस (m)	esemes
abonado (m)	सदस्य (m)	sadasy

46. Los artículos de escritorio. La papelería

bolígrafo (m)	बॉल पेन (m)	bol pen
pluma (f) estilográfica	फाउन्टेन पेन (m)	faunten pen
lápiz (m)	पेंसिल (f)	pensil
marcador (m)	हाइलाइटर (m)	hailaitar
rotulador (m)	फ़ेल्ट टिप पेन (m)	felt tip pen
bloc (m) de notas	नोटबुक (m)	notabuk
agenda (f)	डायरी (f)	dāyarī
regla (f)	स्केल (m)	skel
calculadora (f)	कैल्कुलेटर (m)	kailkuletar

goma (f) de borrar	रबड़ (f)	rabar
chincheta (f)	थंबटैक (m)	thanrbataik
clip (m)	पेपर क्लिप (m)	pepar klip

cola (f), pegamento (m)	गोंद (f)	gond
grapadora (f)	स्टेप्लर (m)	steplar
perforador (m)	होल पंचर (m)	hol panchar
sacapuntas (m)	शार्पनर (m)	shārpanar

47. Los idiomas extranjeros

lengua (f)	भाषा (f)	bhāsha
lengua (f) extranjera	विदेशी भाषा (f)	videshī bhāsha
estudiar (vt)	पढ़ना	parhana
aprender (ingles, etc.)	सीखना	sīkhana

leer (vi, vt)	पढ़ना	parhana
hablar (vi, vt)	बोलना	bolana
comprender (vt)	समझना	samajhana
escribir (vt)	लिखना	likhana

rápidamente (adv)	तेज़	tez
lentamente (adv)	धीरे	dhīre
con fluidez (adv)	धड़ल्ले से	dharalle se

reglas (f pl)	नियम (m pl)	niyam
gramática (f)	व्याकरण (m)	vyākaran
vocabulario (m)	शब्दावली (f)	shabdāvalī
fonética (f)	स्वरविज्ञान (m)	svaravigyān

manual (m)	पाठ्यपुस्तक (f)	pāthyapustak
diccionario (m)	शब्दकोश (m)	shabdakosh
manual (m) autodidáctico	स्वयंशिक्षक पुस्तक (m)	svayanshikshak pustak
guía (f) de conversación	वार्तालाप-पुस्तिका (f)	vārttālāp-pustika

casete (m)	कैसेट (f)	kaiset
videocasete (f)	वीडियो कैसेट (m)	vīdiyo kaiset
disco compacto, CD (m)	सीडी (m)	sīdī
DVD (m)	डीवीडी (m)	dīvīdī

alfabeto (m)	वर्णमाला (f)	varnamāla
deletrear (vt)	हिज्जे करना	hijje karana
pronunciación (f)	उच्चारण (m)	uchchāran

acento (m)	लहज़ा (m)	lahaza
con acento	लहज़े के साथ	lahaze ke sāth
sin acento	बिना लहज़े	bina lahaze

| palabra (f) | शब्द (m) | shabd |
| significado (m) | मतलब (m) | matalab |

cursos (m pl)	पाठ्यक्रम (m)	pāthyakram
inscribirse (vr)	सदस्य बनना	sadasy banana
profesor (m) (~ de inglés)	शिक्षक (m)	shikshak

traducción (f) (proceso)	तर्जुमा (m)	tarjuma
traducción (f) (texto)	अनुवाद (m)	anuvād
traductor (m)	अनुवादक (m)	anuvādak
intérprete (m)	दुभाषिया (m)	dubhāshiya
polígota (m)	बहुभाषी (m)	bahubhāshī
memoria (f)	स्मृति (f)	smrti

LAS COMIDAS. EL RESTAURANTE

48. Los cubiertos

cuchara (f)	चम्मच (m)	chammach
cuchillo (m)	छुरी (f)	chhurī
tenedor (m)	काँटा (m)	kānta
taza (f)	प्याला (m)	pyāla
plato (m)	तश्तरी (f)	tashtarī
platillo (m)	सॉसर (m)	sosar
servilleta (f)	नैपकीन (m)	naipakīn
mondadientes (m)	टूथपिक (m)	tūthapik

49. El restaurante

restaurante (m)	रेस्टराँ (m)	restarān
cafetería (f)	कॉफ़ी हाउस (m)	kofī haus
bar (m)	बार (m)	bār
salón (m) de té	चायख़ाना (m)	chāyakhāna
camarero (m)	बैरा (m)	baira
camarera (f)	बैरी (f)	bairī
barman (m)	बारमैन (m)	bāramain
carta (f), menú (m)	मेनू (m)	menū
carta (f) de vinos	वाइन सूची (f)	vain sūchī
reservar una mesa	मेज़ बुक करना	mez buk karana
plato (m)	पकवान (m)	pakavān
pedir (vt)	आर्डर देना	ārdar dena
hacer un pedido	आर्डर देना	ārdar dena
aperitivo (m)	एपेरेतीफ़ (m)	eperetīf
entremés (m)	एपेटाइज़र (m)	epetaizar
postre (m)	मीठा (m)	mītha
cuenta (f)	बिल (m)	bil
pagar la cuenta	बील का भुगतान करना	bīl ka bhugatān karana
dar la vuelta	खुले पैसे देना	khule paise dena
propina (f)	टिप (f)	tip

50. Las comidas

comida (f)	खाना (m)	khāna
comer (vi, vt)	खाना खाना	khāna khāna

desayuno (m)	नाश्ता (m)	nāshta
desayunar (vi)	नाश्ता करना	nāshta karana
almuerzo (m)	दोपहर का भोजन (m)	dopahar ka bhojan
almorzar (vi)	दोपहर का भोजन करना	dopahar ka bhojan karana
cena (f)	रात्रिभोज (m)	rātribhoj
cenar (vi)	रात्रिभोज करना	rātribhoj karana

apetito (m)	भूख (f)	bhūkh
¡Que aproveche!	अपने भोजन का आनंद उठाएं!	apane bhojan ka ānand uthaen!

abrir (vt)	खोलना	kholana
derramar (líquido)	गिराना	girāna
derramarse (líquido)	गिराना	girāna

hervir (vi)	उबालना	ubālana
hervir (vt)	उबालना	ubālana
hervido (agua ~a)	उबला हुआ	ubala hua
enfriar (vt)	ठंडा करना	thanda karana
enfriarse (vr)	ठंडा करना	thanda karana

sabor (m)	स्वाद (m)	svād
regusto (m)	स्वाद (m)	svād

adelgazar (vi)	वज़न घटाना	vazan ghatāna
dieta (f)	डाइट (m)	dait
vitamina (f)	विटामिन (m)	vitāmin
caloría (f)	कैलोरी (f)	kailorī
vegetariano (m)	शाकाहारी (m)	shākāhārī
vegetariano (adj)	शाकाहारी	shākāhārī

grasas (f pl)	वसा (m pl)	vasa
proteínas (f pl)	प्रोटीन (m pl)	protīn
carbohidratos (m pl)	कार्बोहाइड्रेट (m)	kārbohaidret
loncha (f)	टुकड़ा (m)	tukara
pedazo (m)	टुकड़ा (m)	tukara
miga (f)	टुकड़ा (m)	tukara

51. Los platos

plato (m)	पकवान (m)	pakavān
cocina (f)	व्यंजन (m)	vyanjan
receta (f)	रैसीपी (f)	raisīpī
porción (f)	भाग (m)	bhāg

ensalada (f)	सलाद (m)	salād
sopa (f)	सूप (m)	sūp

caldo (m)	यख्नी (f)	yakhanī
bocadillo (m)	सैन्डविच (m)	saindavich
huevos (m pl) fritos	आमलेट (m)	āmalet

hamburguesa (f)	हैमबर्गर (m)	haimabargar
bistec (m)	बीफ़स्टीक (m)	bīfastīk

guarnición (f)	साइड डिश (f)	said dish
espagueti (m)	स्पेघेटी (f)	speghetī
puré (m) de patatas	आलू भरता (f)	ālū bharata
pizza (f)	पीट्ज़ा (f)	pītza
gachas (f pl)	दलिया (f)	daliya
tortilla (f) francesa	आमलेट (m)	āmalet

cocido en agua (adj)	उबला	ubala
ahumado (adj)	धुएँ में पकाया हुआ	dhuen men pakāya hua
frito (adj)	भुना	bhuna
seco (adj)	सूखा	sūkha
congelado (adj)	फ्रोज़न	frozan
marinado (adj)	अचार	achār

azucarado, dulce (adj)	मीठा	mītha
salado (adj)	नमकीन	namakīn
frío (adj)	ठंडा	thanda
caliente (adj)	गरम	garam
amargo (adj)	कड़वा	karava
sabroso (adj)	स्वादिष्ट	svādisht

cocer en agua	उबलते पानी में पकाना	ubalate pānī men pakāna
preparar (la cena)	खाना बनाना	khāna banāna
freír (vt)	भूनना	bhūnana
calentar (vt)	गरम करना	garam karana

salar (vt)	नमक डालना	namak dālana
poner pimienta	मिर्च डालना	mirch dālana
rallar (vt)	कद्दूकश करना	kaddūkash karana
piel (f)	छिलका (f)	chhilaka
pelar (vt)	छिलका निकलना	chhilaka nikalana

52. La comida

carne (f)	गोश्त (m)	gosht
gallina (f)	चीकन (m)	chīkan
pollo (m)	रॉक कोनिश मुर्गी (f)	rok kornish murgī
pato (m)	बत्तख़ (f)	battakh
ganso (m)	हंस (m)	hans
caza (f) menor	शिकार के पशुपक्षी (f)	shikār ke pashupakshī
pava (f)	टर्की (m)	tarkī

carne (f) de cerdo	सुअर का गोश्त (m)	suar ka gosht
carne (f) de ternera	बछड़े का गोश्त (m)	bachhare ka gosht
carne (f) de carnero	भेड़ का गोश्त (m)	bher ka gosht
carne (f) de vaca	गाय का गोश्त (m)	gāy ka gosht
conejo (m)	खरगोश (m)	kharagosh

salchichón (m)	सॉसेज (f)	sosej
salchicha (f)	वियना सॉसेज (m)	viyana sosej
beicon (m)	बेकन (m)	bekan
jamón (m)	हैम (m)	haim
jamón (m) fresco	सुअर की जांघ (f)	suar kī jāngh
paté (m)	पिसा हुआ गोश्त (m)	pisa hua gosht

hígado (m)	जिगर (f)	jigar
carne (f) picada	कीमा (m)	kīma
lengua (f)	जीभ (m)	jībh
huevo (m)	अंडा (m)	anda
huevos (m pl)	अंडे (m pl)	ande
clara (f)	अंडे की सफ़ेदी (m)	ande kī safedī
yema (f)	अंडे की ज़र्दी (m)	ande kī zardī
pescado (m)	मछली (f)	machhalī
mariscos (m pl)	समुद्री खाना (m)	samudrī khāna
caviar (m)	मछली के अंडे (m)	machhalī ke ande
cangrejo (m) de mar	केकड़ा (m)	kekara
camarón (m)	चिंगड़ा (m)	chingara
ostra (f)	सीप (m)	sīp
langosta (f)	लोबस्टर (m)	lobastar
pulpo (m)	ओक्टोपस (m)	oktopas
calamar (m)	स्कीड (m)	skīd
esturión (m)	स्टर्जन (f)	starjan
salmón (m)	सालमन (m)	sālaman
fletán (m)	हैलिबट (f)	hailibat
bacalao (m)	कॉड (f)	kod
caballa (f)	माक्रैल (f)	mākrail
atún (m)	टूना (f)	tūna
anguila (f)	बाम मछली (f)	bām machhalī
trucha (f)	ट्राउट मछली (f)	traut machhalī
sardina (f)	सार्डीन (f)	sārdīn
lucio (m)	पाइक (f)	paik
arenque (m)	हेरिंग मछली (f)	hering machhalī
pan (m)	ब्रेड (f)	bred
queso (m)	पनीर (m)	panīr
azúcar (m)	चीनी (f)	chīnī
sal (f)	नमक (m)	namak
arroz (m)	चावल (m)	chāval
macarrones (m pl)	पास्ता (m)	pāsta
tallarines (m pl)	नूडल्स (m)	nūdals
mantequilla (f)	मक्खन (m)	makkhan
aceite (m) vegetal	तेल (m)	tel
aceite (m) de girasol	सूरजमुखी तेल (m)	sūrajamukhī tel
margarina (f)	नकली मक्खन (m)	nakalī makkhan
olivas, aceitunas (f pl)	जैतून (m)	jaitūn
aceite (m) de oliva	जैतून का तेल (m)	jaitūn ka tel
leche (f)	दूध (m)	dūdh
leche (f) condensada	रबड़ी (f)	rabarī
yogur (m)	दही (m)	dahī
nata (f) agria	खट्टी क्रीम (f)	khattī krīm
nata (f) líquida	मलाई (f pl)	malaī

| mayonesa (f) | मेयोनेज़ (m) | meyonez |
| crema (f) de mantequilla | क्रीम (m) | krīm |

cereales (m pl) integrales	अनाज के दाने (m)	anāj ke dāne
harina (f)	आटा (m)	āta
conservas (f pl)	डिब्बाबन्द खाना (m)	dibbāband khāna

copos (m pl) de maíz	कॉर्नफ्लेक्स (m)	kornafleks
miel (f)	शहद (m)	shahad
confitura (f)	जैम (m)	jaim
chicle (m)	चूइन्ग गम (m)	chūing gam

53. Las bebidas

agua (f)	पानी (m)	pānī
agua (f) potable	पीने का पानी (f)	pīne ka pānī
agua (f) mineral	मिनरल वॉटर (m)	minaral votar

sin gas	स्टिल वॉटर	stil votar
gaseoso (adj)	कार्बोनेटेड	kārboneted
con gas	स्पार्कलिंग	spārkaling
hielo (m)	बर्फ़ (m)	barf
con hielo	बर्फ़ के साथ	barf ke sāth

sin alcohol	शराब रहित	sharāb rahit
bebida (f) sin alcohol	कोल्ड ड्रिंक (f)	kold drink
refresco (m)	शीतलक ड्रिंक (f)	shītalak drink
limonada (f)	लेमोनेड (m)	lemoned

bebidas (f pl) alcohólicas	शराब (m pl)	sharāb
vino (m)	वाइन (f)	vain
vino (m) blanco	सफ़ेद वाइन (f)	safed vain
vino (m) tinto	लाल वाइन (f)	lāl vain

licor (m)	लिकर (m)	likar
champaña (f)	शैम्पेन (f)	shaimpen
vermú (m)	वर्मीथ (f)	varmauth

whisky (m)	विस्की (f)	viskī
vodka (m)	वोडका (m)	vodaka
ginebra (f)	जिन (f)	jin
coñac (m)	कोन्याक (m)	konyāk
ron (m)	रम (m)	ram

café (m)	कॉफ़ी (f)	kofī
café (m) solo	काली कॉफ़ी (f)	kālī kofī
café (m) con leche	दूध के साथ कॉफ़ी (f)	dūdh ke sāth kofī
capuchino (m)	कैपूचिनो (f)	kaipūchino
café (m) soluble	इन्सटेन्ट-कॉफ़ी (f)	insatent-kāfī

leche (f)	दूध (m)	dūdh
cóctel (m)	कॉकटेल (m)	kokatel
batido (m)	मिल्कशेक (m)	milkashek
zumo (m), jugo (m)	रस (m)	ras

jugo (m) de tomate	टमाटर का रस (m)	tamātar ka ras
zumo (m) de naranja	संतरे का रस (m)	santare ka ras
zumo (m) fresco	ताज़ा रस (m)	tāza ras
cerveza (f)	बियर (m)	biyar
cerveza (f) rubia	हल्का बियर (m)	halka biyar
cerveza (f) negra	डार्क बियर (m)	dārk biyar
té (m)	चाय (f)	chāy
té (m) negro	काली चाय (f)	kālī chāy
té (m) verde	हरी चाय (f)	harī chāy

54. Las verduras

legumbres (f pl)	सब्ज़ियाँ (f pl)	sabziyān
verduras (f pl)	हरी सब्ज़ियाँ (f)	harī sabziyān
tomate (m)	टमाटर (m)	tamātar
pepino (m)	खीरा (m)	khīra
zanahoria (f)	गाजर (f)	gājar
patata (f)	आलू (m)	ālū
cebolla (f)	प्याज़ (m)	pyāz
ajo (m)	लहसुन (m)	lahasun
col (f)	पत्ता गोभी (f)	patta gobhī
coliflor (f)	फूल गोभी (f)	fūl gobhī
col (f) de Bruselas	ब्रसेल्स स्प्राउट्स (m)	brasels sprauts
brócoli (m)	ब्रोकोली (f)	brokolī
remolacha (f)	चुकन्दर (m)	chukandar
berenjena (f)	बैंगन (m)	baingan
calabacín (m)	तुरई (f)	turī
calabaza (f)	कद्दू	kaddū
nabo (m)	शलजम (f)	shalajam
perejil (m)	अजमोद (f)	ajamod
eneldo (m)	सोआ (m)	soa
lechuga (f)	सलाद पत्ता (m)	salād patta
apio (m)	सेलरी (m)	selarī
espárrago (m)	एस्पैरेगस (m)	espairegas
espinaca (f)	पालक (m)	pālak
guisante (m)	मटर (m)	matar
habas (f pl)	फली (f pl)	falī
maíz (m)	मकई (f)	makī
fréjol (m)	राजमा (f)	rājama
pimiento (m) dulce	शिमला मिर्च (m)	shimala mirch
rábano (m)	मूली (f)	mūlī
alcachofa (f)	हाथीचक (m)	hāthīchak

55. Las frutas. Las nueces

fruto (m)	फल (m)	fal
manzana (f)	सेब (m)	seb
pera (f)	नाशपाती (f)	nāshapātī
limón (m)	नींबू (m)	nīmbū
naranja (f)	संतरा (m)	santara
fresa (f)	स्ट्रॉबेरी (f)	stroberī
mandarina (f)	नारंगी (m)	nārangī
ciruela (f)	आलूबुखारा (m)	ālūbukhāra
melocotón (m)	आड़ू (m)	ārū
albaricoque (m)	खूबानी (f)	khūbānī
frambuesa (f)	रसभरी (f)	rasabharī
piña (f)	अनानास (m)	anānās
banana (f)	केला (m)	kela
sandía (f)	तरबूज़ (m)	tarabūz
uva (f)	अंगूर (m)	angūr
guinda (f), cereza (f)	चेरी (f)	cherī
melón (m)	खरबूज़ा (f)	kharabūza
pomelo (m)	ग्रेपफ़्रूट (m)	grepafrūt
aguacate (m)	एवोकांडो (m)	evokādo
papaya (f)	पपीता (f)	papīta
mango (m)	आम (m)	ām
granada (f)	अनार (m)	anār
grosella (f) roja	लाल किशमिश (f)	lāl kishamish
grosella (f) negra	काली किशमिश (f)	kālī kishamish
grosella (f) espinosa	आमला (f)	āmala
arándano (m)	बिलबेरी (f)	bilaberī
zarzamoras (f pl)	ब्लैकबेरी (f)	blaikaberī
pasas (f pl)	किशमिश (m)	kishamish
higo (m)	अंजीर (m)	anjīr
dátil (m)	खजूर (m)	khajūr
cacahuete (m)	मूँगफली (m)	mūngafalī
almendra (f)	बादाम (f)	bādām
nuez (f)	अखरोट (m)	akharot
avellana (f)	हेज़लनट (m)	hezalanat
nuez (f) de coco	नारियल (m)	nāriyal
pistachos (m pl)	पिस्ता (m)	pista

56. El pan. Los dulces

pasteles (m pl)	मिठाई (f pl)	mithaī
pan (m)	ब्रेड (f)	bred
galletas (f pl)	बिस्कुट (m)	biskut
chocolate (m)	चॉकलेट (m)	chokalet
de chocolate (adj)	चॉकलेटी	chokaletī

caramelo (m)	टॉफ़ी (f)	tofī
tarta (f) (pequeña)	पेस्ट्री (f)	pestrī
tarta (f) (~ de cumpleaños)	केक (m)	kek
tarta (f) (~ de manzana)	पाई (m)	paī
relleno (m)	फ़िलिंग (f)	filing
confitura (f)	जैम (m)	jaim
mermelada (f)	मुरब्बा (m)	murabba
gofre (m)	वेफ़र (m pl)	vefar
helado (m)	आईस-क्रीम (f)	āīs-krīm

57. Las especias

sal (f)	नमक (m)	namak
salado (adj)	नमकीन	namakīn
salar (vt)	नमक डालना	namak ḍālana
pimienta (f) negra	काली मिर्च (f)	kālī mirch
pimienta (f) roja	लाल मिर्च (m)	lāl mirch
mostaza (f)	सरसों (m)	sarason
rábano (m) picante	अरब मूली (f)	arab mūlī
condimento (m)	मसाला (m)	masāla
especia (f)	मसाला (m)	masāla
salsa (f)	चटनी (f)	chatanī
vinagre (m)	सिरका (m)	siraka
anís (m)	सौंफ़ (f)	saumf
albahaca (f)	तुलसी (f)	tulasī
clavo (m)	लौंग (f)	laung
jengibre (m)	अदरक (m)	adarak
cilantro (m)	धनिया (m)	dhaniya
canela (f)	दालचीनी (f)	dālachīnī
sésamo (m)	तिल (m)	til
hoja (f) de laurel	तेजपत्ता (m)	tejapatta
paprika (f)	लाल शिमला मिर्च पाउडर (m)	lāl shimala mirch paudar
comino (m)	ज़ीरा (m)	zīra
azafrán (m)	ज़ाफ़रान (m)	zāfarān

LA INFORMACIÓN PERSONAL. LA FAMILIA

58. **La información personal. Los formularios**

nombre (m)	पहला नाम (m)	pahala nām
apellido (m)	उपनाम (m)	upanām
fecha (f) de nacimiento	जन्म-दिवस (m)	janm-divas
lugar (m) de nacimiento	मातृभूमि (f)	mātrbhūmi
nacionalidad (f)	नागरिकता (f)	nāgarikata
domicilio (m)	निवास स्थान (m)	nivās sthān
país (m)	देश (m)	desh
profesión (f)	पेशा (m)	pesha
sexo (m)	लिंग (m)	ling
estatura (f)	क़द (m)	qad
peso (m)	वज़न (m)	vazan

59. **Los familiares. Los parientes**

madre (f)	माँ (f)	mān
padre (m)	पिता (m)	pita
hijo (m)	बेटा (m)	beta
hija (f)	बेटी (f)	betī
hija (f) menor	छोटी बेटी (f)	chhotī betī
hijo (m) menor	छोटा बेटा (m)	chhota beta
hija (f) mayor	बड़ी बेटी (f)	barī betī
hijo (m) mayor	बड़ा बेटा (m)	bara beta
hermano (m)	भाई (m)	bhaī
hermana (f)	बहन (f)	bahan
primo (m)	चचेरा भाई (m)	chachera bhaī
prima (f)	चचेरी बहन (f)	chacherī bahan
mamá (f)	अम्मा (f)	amma
papá (m)	पापा (m)	pāpa
padres (pl)	माँ-बाप (m pl)	mān-bāp
niño -a (m, f)	बच्चा (m)	bachcha
niños (pl)	बच्चे (m pl)	bachche
abuela (f)	दादी (f)	dādī
abuelo (m)	दादा (m)	dāda
nieto (m)	पोता (m)	pota
nieta (f)	पोती (f)	potī
nietos (pl)	पोते (m)	pote
tío (m)	चाचा (m)	chācha
tía (f)	चाची (f)	chāchī

sobrino (m)	भतीजा (m)	bhatīja
sobrina (f)	भतीजी (f)	bhatījī
suegra (f)	सास (f)	sās
suegro (m)	ससुर (m)	sasur
yerno (m)	दामाद (m)	dāmād
madrastra (f)	सौतेली माँ (f)	sautelī mān
padrastro (m)	सौतेले पिता (m)	sautele pita
niño (m) de pecho	दूधमुँहा बच्चा (m)	dudhamunha bachcha
bebé (m)	शिशु (f)	shishu
chico (m)	छोटा बच्चा (m)	chhota bachcha
mujer (f)	पत्नी (f)	patnī
marido (m)	पति (m)	pati
esposo (m)	पति (m)	pati
esposa (f)	पत्नी (f)	patnī
casado (adj)	शादीशुदा	shādīshuda
casada (adj)	शादीशुदा	shādīshuda
soltero (adj)	अविवाहित	avivāhit
soltero (m)	कुँआरा (m)	kunāra
divorciado (adj)	तलाक़शुदा	talāqashuda
viuda (f)	विधवा (f)	vidhava
viudo (m)	विधुर (m)	vidhur
pariente (m)	रिश्तेदार (m)	rishtedār
pariente (m) cercano	सम्बंधी (m)	sambandhī
pariente (m) lejano	दूर का रिश्तेदार (m)	dūr ka rishtedār
parientes (pl)	रिश्तेदार (m pl)	rishtedār
huérfano (m), huérfana (f)	अनाथ (m)	anāth
tutor (m)	अभिभावक (m)	abhibhāvak
adoptar (un niño)	लड़का गोद लेना	laraka god lena
adoptar (una niña)	लड़की गोद लेना	larakī god lena

60. Los amigos. Los compañeros del trabajo

amigo (m)	दोस्त (m)	dost
amiga (f)	सहेली (f)	sahelī
amistad (f)	दोस्ती (f)	dostī
ser amigo	दोस्त होना	dost hona
amigote (m)	मित्र (m)	mitr
amiguete (f)	सहेली (f)	sahelī
compañero (m)	पार्टनर (m)	pārtanar
jefe (m)	चीफ़ (m)	chīf
superior (m)	अधीक्षक (m)	adhīkshak
subordinado (m)	अधीनस्थ (m)	adhīnasth
colega (m, f)	सहकर्मी (m)	sahakarmī
conocido (m)	परिचित आदमी (m)	parichit ādamī
compañero (m) de viaje	सहगामी (m)	sahagāmī

condiscípulo (m)	सहपाठी (m)	sahapāthī
vecino (m)	पड़ोसी (m)	parosī
vecina (f)	पड़ोसन (f)	parosan
vecinos (pl)	पड़ोसी (m pl)	parosī

EL CUERPO. LA MEDICINA

61. La cabeza

cabeza (f)	सिर (m)	sir
cara (f)	चेहरा (m)	chehara
nariz (f)	नाक (f)	nāk
boca (f)	मुँह (m)	munh
ojo (m)	आँख (f)	ānkh
ojos (m pl)	आँखें (f)	ānkhen
pupila (f)	आँख की पुतली (f)	ānkh kī putalī
ceja (f)	भौंह (f)	bhaunh
pestaña (f)	बरौनी (f)	baraunī
párpado (m)	पलक (m)	palak
lengua (f)	जीभ (m)	jībh
diente (m)	दाँत (f)	dānt
labios (m pl)	होंठ (f)	honth
pómulos (m pl)	गाल की हड्डी (f)	gāl kī haddī
encía (f)	मसूड़ा (m)	masūra
paladar (m)	तालु (m)	tālu
ventanas (f pl)	नथने (m pl)	nathane
mentón (m)	ठोड़ी (f)	thorī
mandíbula (f)	जबड़ा (m)	jabara
mejilla (f)	गाल (m)	gāl
frente (f)	माथा (m)	mātha
sien (f)	कनपट्टी (f)	kanapattī
oreja (f)	कान (m)	kān
nuca (f)	सिर का पिछला हिस्सा (m)	sir ka pichhala hissa
cuello (m)	गरदन (m)	garadan
garganta (f)	गला (m)	gala
pelo, cabello (m)	बाल (m pl)	bāl
peinado (m)	हेयरस्टाइल (m)	heyarastail
corte (m) de pelo	हेयरकट (m)	heyarakat
peluca (f)	नकली बाल (m)	nakalī bāl
bigote (m)	मूँछें (f pl)	mūnchhen
barba (f)	दाढ़ी (f)	dārhī
tener (~ la barba)	होना	hona
trenza (f)	चोटी (f)	chotī
patillas (f pl)	गलमुच्छा (m)	galamuchchha
pelirrojo (adj)	लाल बाल	lāl bāl
gris, canoso (adj)	सफ़ेद बाल	safed bāl
calvo (adj)	गंजा	ganja
calva (f)	गंजाई (f)	ganjaī

| cola (f) de caballo | पोनी-टेल (f) | ponī-tel |
| flequillo (m) | बेंग (m) | beng |

62. El cuerpo

| mano (f) | हाथ (m) | hāth |
| brazo (m) | बाँह (m) | bānh |

dedo (m)	उँगली (m)	ungalī
dedo (m) pulgar	अँगूठा (m)	angūtha
dedo (m) meñique	छोटी उंगली (f)	chhotī ungalī
uña (f)	नाखून (m)	nākhūn

puño (m)	मुट्ठी (m)	mutthī
palma (f)	हथेली (f)	hathelī
muñeca (f)	कलाई (f)	kalaī
antebrazo (m)	प्रकोष्ठ (m)	prakoshth
codo (m)	कोहनी (f)	kohanī
hombro (m)	कंधा (m)	kandha

pierna (f)	टाँग (f)	tāng
planta (f)	पैर का तलवा (m)	pair ka talava
rodilla (f)	घुटना (m)	ghutana
pantorrilla (f)	पिंडली (f)	pindalī
cadera (f)	जाँघ (f)	jāngh
talón (m)	एड़ी (f)	erī

cuerpo (m)	शरीर (m)	sharīr
vientre (m)	पेट (m)	pet
pecho (m)	सीना (m)	sīna
seno (m)	स्तन (f)	stan
lado (m), costado (m)	कूल्हा (m)	kūlha
espalda (f)	पीठ (f)	pīth
zona (f) lumbar	पीठ का निचला हिस्सा (m)	pīth ka nichala hissa
cintura (f), talle (m)	कमर (f)	kamar

ombligo (m)	नाभी (f)	nābhī
nalgas (f pl)	नितंब (m pl)	nitamb
trasero (m)	नितम्ब (m)	nitamb

lunar (m)	सौंदर्य चिन्ह (f)	saundary chinh
marca (f) de nacimiento	जन्म चिह्न (m)	janm chihn
tatuaje (m)	टैटू (m)	taitū
cicatriz (f)	घाव का निशान (m)	ghāv ka nishān

63. Las enfermedades

enfermedad (f)	बीमारी (f)	bīmārī
estar enfermo	बीमार होना	bīmār hona
salud (f)	सेहत (f)	sehat
resfriado (m) (coriza)	नज़ला (m)	nazala
angina (f)	टॉन्सिल (m)	tonsil

resfriado (m)	ज़ुकाम (f)	zukām
resfriarse (vr)	ज़ुकाम हो जाना	zukām ho jāna
bronquitis (f)	ब्रॉन्काइटिस (m)	bronkaitis
pulmonía (f)	निमोनिया (f)	nimoniya
gripe (f)	फ़्लू (m)	flū
miope (adj)	कमबीन	kamabīn
présbita (adj)	कमज़ोर दूरदृष्टि	kamazor dūradrshti
estrabismo (m)	तिरछी नज़र (m)	tirachhī nazar
estrábico (m) (adj)	तिरछी नज़रवाला	tirachhī nazaravāla
catarata (f)	मोतिया बिंद (m)	motiya bind
glaucoma (m)	काला मोतिया (m)	kāla motiya
insulto (m)	स्ट्रोक (m)	strok
ataque (m) cardiaco	दिल का दौरा (m)	dil ka daura
infarto (m) de miocardio	मायोकार्डियल इन्फ़ार्क्शन (m)	māyokārdiyal infārkshan
parálisis (f)	लकवा (m)	lakava
paralizar (vt)	लक़वा मारना	laqava mārana
alergia (f)	एलर्जी (f)	elarjī
asma (f)	दमा (f)	dama
diabetes (f)	शूगर (f)	shūgar
dolor (m) de muelas	दाँत दर्द (m)	dānt dard
caries (f)	दाँत में कीड़ा (m)	dānt men kīra
diarrea (f)	दस्त (m)	dast
estreñimiento (m)	कब्ज़ (m)	kabz
molestia (f) estomacal	पेट ख़राब (m)	pet kharāb
envenenamiento (m)	ख़राब खाने से हुई बीमारी (f)	kharāb khāne se huī bīmārī
envenenarse (vr)	ख़राब खाने से बीमार पड़ना	kharāb khāne se bīmār parana
artritis (f)	गठिया (m)	gathiya
raquitismo (m)	बालवक्र (m)	bālavakr
reumatismo (m)	आमवात (m)	āmavāt
ateroesclerosis (f)	धमनीकलाकाठिन्य (m)	dhamanīkalākāthiny
gastritis (f)	जठर-शोथ (m)	jathar-shoth
apendicitis (f)	उण्डुक-शोथ (m)	unduk-shoth
colecistitis (f)	पित्ताशय (m)	pittāshay
úlcera (f)	अल्सर (m)	alsar
sarampión (m)	मीज़ल्स (m)	mīzals
rubeola (f)	जर्मन मीज़ल्स (m)	jarman mīzals
ictericia (f)	पीलिया (m)	pīliya
hepatitis (f)	हेपेटाइटिस (m)	hepetaitis
esquizofrenia (f)	शीज़ोफ़्रेनीय (f)	shīzofrenīy
rabia (f) (hidrofobia)	रेबीज़ (m)	rebīz
neurosis (f)	न्यूरोसिस (m)	nyūrosis
conmoción (f) cerebral	आघात (m)	āghāt
cáncer (m)	कर्क रोग (m)	kark rog
esclerosis (f)	काठिन्य (m)	kāthiny

esclerosis (m) múltiple	मल्टीपल स्क्लेरोसिस (m)	maltīpal sklerosis
alcoholismo (m)	शराबीपन (m)	sharābīpan
alcohólico (m)	शराबी (m)	sharābī
sífilis (f)	सीफ़ीलिस (m)	sīfīlis
SIDA (m)	ऐड्स (m)	aids

tumor (m)	ट्यूमर (m)	tyūmar
maligno (adj)	घातक	ghātak
benigno (adj)	अर्बुद	arbud

fiebre (f)	बुखार (m)	bukhār
malaria (f)	मलेरिया (f)	maleriya
gangrena (f)	गैन्ग्रीन (m)	gaingrīn
mareo (m)	जहाज़ी मतली (f)	jahāzī matalī
epilepsia (f)	मिरगी (f)	miragī

epidemia (f)	महामारी (f)	mahāmārī
tifus (m)	टाइफ़स (m)	taifas
tuberculosis (f)	टीबी (m)	tībī
cólera (f)	हैज़ा (f)	haiza
peste (f)	प्लेग (f)	pleg

64. Los síntomas. Los tratamientos. Unidad 1

síntoma (m)	लक्षण (m)	lakshan
temperatura (f)	तापमान (m)	tāpamān
fiebre (f)	बुखार (f)	bukhār
pulso (m)	नब्ज़ (f)	nabz

mareo (m) (vértigo)	सिर का चक्कर (m)	sir ka chakkar
caliente (adj)	गरम	garam
escalofrío (m)	कंपकंपी (f)	kampakampī
pálido (adj)	पीला	pīla

tos (f)	खाँसी (f)	khānsī
toser (vi)	खाँसना	khānsana
estornudar (vi)	छींकना	chhīnkana
desmayo (m)	बेहोशी (f)	behoshī
desmayarse (vr)	बेहोश होना	behosh hona

moradura (f)	नील (m)	nīl
chichón (m)	गुमड़ा (m)	gumara
golpearse (vr)	चोट लगना	chot lagana
magulladura (f)	चोट (f)	chot
magullarse (vr)	घाव लगना	ghāv lagana

cojear (vi)	लँगड़ाना	langarāna
dislocación (f)	हड्डी खिसकना (f)	haddī khisakana
dislocar (vt)	हड्डी खिसकना	haddī khisakana
fractura (f)	हड्डी टूट जाना (f)	haddī tūt jāna
tener una fractura	हड्डी टूट जाना	haddī tūt jāna

| corte (m) (tajo) | कट जाना (m) | kat jāna |
| cortarse (vr) | ख़ुद को काट लेना | khud ko kāt lena |

hemorragia (f)	रक्त-स्राव (m)	rakt-srāv
quemadura (f)	जला होना	jala hona
quemarse (vr)	जल जाना	jal jāna
pincharse (~ el dedo)	चुभाना	chubhāna
pincharse (vr)	खुद को चुभाना	khud ko chubhāna
herir (vt)	घायल करना	ghāyal karana
herida (f)	चोट (f)	chot
lesión (f) (herida)	घाव (m)	ghāv
trauma (m)	चोट (f)	chot
delirar (vi)	बेहोशी में बड़बड़ाना	behoshī men barabadāna
tartamudear (vi)	हकलाना	hakalāna
insolación (f)	धूप आघात (m)	dhūp āghāt

65. Los síntomas. Los tratamientos. Unidad 2

dolor (m)	दर्द (f)	dard
astilla (f)	चुभ जाना (m)	chubh jāna
sudor (m)	पसीना (f)	pasīna
sudar (vi)	पसीना निकलना	pasīna nikalana
vómito (m)	वमन (m)	vaman
convulsiones (f pl)	दौरा (m)	daura
embarazada (adj)	गर्भवती	garbhavatī
nacer (vi)	जन्म लेना	janm lena
parto (m)	पैदा करना (m)	paida karana
dar a luz	पैदा करना	paida karana
aborto (m)	गर्भपात (m)	garbhapāt
respiración (f)	साँस (f)	sāns
inspiración (f)	साँस अंदर खींचना (f)	sāns andar khīnchana
espiración (f)	साँस बाहर छोड़ना (f)	sāns bāhar chhorana
espirar (vi)	साँस बाहर छोड़ना	sāns bāhar chhorana
inspirar (vi)	साँस अंदर खींचना	sāns andar khīnchana
inválido (m)	अपाहिज (m)	apāhij
mutilado (m)	लूला (m)	lūla
drogadicto (m)	नशेबाज़ (m)	nashebāz
sordo (adj)	बहरा	bahara
mudo (adj)	गूँगा	gūnga
sordomudo (adj)	बहरा और गूँगा	bahara aur gūnga
loco (adj)	पागल	pāgal
loco (m)	पगला (m)	pagala
loca (f)	पगली (f)	pagalī
volverse loco	पागल हो जाना	pāgal ho jāna
gen (m)	वंशाणु (m)	vanshānu
inmunidad (f)	रोग प्रतिरोधक शक्ति (f)	rog pratirodhak shakti
hereditario (adj)	जन्मजात	janmajāt
de nacimiento (adj)	पैदाइशी	paidaishī

virus (m)	विषाणु (m)	vishānu
microbio (m)	कीटाणु (m)	kīṭānu
bacteria (f)	जीवाणु (m)	jīvānu
infección (f)	संक्रमण (m)	sankraman

66. Los síntomas. Los tratamientos. Unidad 3

hospital (m)	अस्पताल (m)	aspatāl
paciente (m)	मरीज़ (m)	marīz
diagnosis (f)	रोग-निर्णय (m)	rog-nirnay
cura (f)	इलाज (m)	ilāj
tratamiento (m)	चिकित्सीय उपचार (m)	chikitsīy upachār
curarse (vr)	इलाज कराना	ilāj karāna
tratar (vt)	इलाज करना	ilāj karana
cuidar (a un enfermo)	देखभाल करना	dekhabhāl karana
cuidados (m pl)	देखभाल (f)	dekhabhāl
operación (f)	ऑपरेशन (m)	opareshan
vendar (vt)	पट्टी बाँधना	paṭṭī bāndhana
vendaje (m)	पट्टी (f)	paṭṭī
vacunación (f)	टीका (m)	tīka
vacunar (vt)	टीका लगाना	tīka lagāna
inyección (f)	इंजेक्शन (m)	injekshan
aplicar una inyección	इंजेक्शन लगाना	injekshan lagāna
amputación (f)	अंगविच्छेद (f)	angavichchhed
amputar (vt)	अंगविच्छेद करना	angavichchhed karana
coma (m)	कोमा (m)	koma
estar en coma	कोमा में चले जाना	koma men chale jāna
revitalización (f)	गहन चिकित्सा (f)	gahan chikitsa
recuperarse (vr)	ठीक हो जाना	thīk ho jāna
estado (m) (de salud)	हालत (m)	hālat
consciencia (f)	होश (m)	hosh
memoria (f)	याददाश्त (f)	yādadāsht
extraer (un diente)	दाँत निकालना	dānt nikālana
empaste (m)	भराव (m)	bharāv
empastar (vt)	दाँत को भरना	dānt ko bharana
hipnosis (f)	हिपनोसिस (m)	hipanosis
hipnotizar (vt)	हिपनोटाइज़ करना	hipanotaiz karana

67. La medicina. Las drogas. Los accesorios

medicamento (m), droga (f)	दवा (f)	dava
remedio (m)	दवाई (f)	davaī
prescribir (vt)	नुस्खा लिखना	nusakha likhana
receta (f)	नुस्खा (m)	nusakha
tableta (f)	गोली (f)	golī

ungüento (m)	मरहम (m)	maraham
ampolla (f)	एम्प्यूल (m)	empyūl
mixtura (f), mezcla (f)	सिरप (m)	sirap
sirope (m)	शरबत (m)	sharabat
píldora (f)	गोली (f)	golī
polvo (m)	चूरन (m)	chūran
venda (f)	पट्टी (f)	pattī
algodón (m) (discos de ~)	रूई का गोला (m)	rūī ka gola
yodo (m)	आयोडीन (m)	āyodīn
tirita (f), curita (f)	बैंड-एड (m)	baind-ed
pipeta (f)	आई-ड्रॉपर (m)	āī-dropar
termómetro (m)	थरमामीटर (m)	tharamāmītar
jeringa (f)	इंजेक्शन (m)	injekshan
silla (f) de ruedas	व्हीलचेयर (f)	vhīlacheyar
muletas (f pl)	बैसाखी (m pl)	baisākhī
anestésico (m)	दर्द-निवारक (f)	dard-nivārak
purgante (m)	जुलाब की गोली (f)	julāb kī golī
alcohol (m)	स्पिरिट (m)	spirit
hierba (f) medicinal	जड़ी-बूटी (f)	jarī-būtī
de hierbas (té ~)	जड़ी-बूटियों से बना	jarī-būtiyon se bana

EL APARTAMENTO

68. El apartamento

apartamento (m)	फ़्लैट (f)	flait
habitación (f)	कमरा (m)	kamara
dormitorio (m)	सोने का कमरा (m)	sone ka kamara
comedor (m)	खाने का कमरा (m)	khāne ka kamara
salón (m)	बैठक (f)	baithak
despacho (m)	घरेलू कार्यालय (m)	gharelū kāryālay
antecámara (f)	प्रवेश कक्ष (m)	pravesh kaksh
cuarto (m) de baño	स्नानघर (m)	snānaghar
servicio (m)	शौचालय (m)	shauchālay
techo (m)	छत (f)	chhat
suelo (m)	फ़र्श (m)	farsh
rincón (m)	कोना (m)	kona

69. Los muebles. El interior

muebles (m pl)	फ़र्निचर (m)	farnichar
mesa (f)	मेज़ (f)	mez
silla (f)	कुर्सी (f)	kursī
cama (f)	पलंग (m)	palang
sofá (m)	सोफ़ा (m)	sofa
sillón (m)	हत्थे वाली कुर्सी (f)	hatthe vālī kursī
librería (f)	किताबों की अलमारी (f)	kitābon kī alamārī
estante (m)	शेल्फ़ (f)	shelf
armario (m)	कपड़ों की अलमारी (f)	kaparon kī alamārī
percha (f)	खूँटी (f)	khūntī
perchero (m) de pie	खूँटी (f)	khūntī
cómoda (f)	कपड़ों की अलमारी (f)	kaparon kī alamārī
mesa (f) de café	कॉफ़ी की मेज़ (f)	kofī kī mez
espejo (m)	आईना (m)	āīna
tapiz (m)	कालीन (m)	kālīn
alfombra (f)	दरी (f)	darī
chimenea (f)	चिमनी (f)	chimanī
vela (f)	मोमबत्ती (f)	momabattī
candelero (m)	मोमबत्तीदान (m)	momabattīdān
cortinas (f pl)	परदे (m pl)	parade
empapelado (m)	वॉल पेपर (m)	vol pepar

estor (m) de láminas	जेलुज़ी (f pl)	jeluzī
lámpara (f) de mesa	मेज़ का लैम्प (m)	mez ka laimp
aplique (m)	दिवार का लैम्प (m)	divār ka laimp
lámpara (f) de pie	फ़र्श का लैम्प (m)	farsh ka laimp
lámpara (f) de araña	झूमर (m)	jhūmar
pata (f) (~ de la mesa)	पाँव (m)	pānv
brazo (m)	कुर्सी का हत्था (m)	kursī ka hattha
espaldar (m)	कुर्सी की पीठ (f)	kursī kī pīth
cajón (m)	दराज़ (m)	darāz

70. Los accesorios de cama

ropa (f) de cama	बिस्तर के कपड़े (m)	bistar ke kapare
almohada (f)	तकिया (m)	takiya
funda (f)	ग़िलाफ़ (m)	gilāf
manta (f)	रज़ाई (f)	razaī
sábana (f)	चादर (f)	chādar
sobrecama (f)	चादर (f)	chādar

71. La cocina

cocina (f)	रसोईघर (m)	rasoīghar
gas (m)	गैस (m)	gais
cocina (f) de gas	गैस का चूल्हा (m)	gais ka chūlha
cocina (f) eléctrica	बिजली का चूल्हा (m)	bijalī ka chūlha
horno (m)	ओवन (m)	ovan
horno (m) microondas	माइक्रोवेव ओवन (m)	maikrovev ovan
frigorífico (m)	फ़ुजि (m)	frij
congelador (m)	फ़्रीजर (m)	frījar
lavavajillas (m)	डिशवॉशर (m)	dishavoshar
picadora (f) de carne	कीमा बनाने की मशीन (f)	kīma banāne kī mashīn
exprimidor (m)	जूसर (m)	jūsar
tostador (m)	टोस्टर (m)	tostar
batidora (f)	मिक्सर (m)	miksar
cafetera (f) (aparato de cocina)	कॉफ़ी मशीन (f)	kofī mashīn
cafetera (f) (para servir)	कॉफ़ी पॉट (m)	kofī pot
molinillo (m) de café	कॉफ़ी पीसने की मशीन (f)	kofī pīsane kī mashīn
hervidor (m) de agua	केतली (f)	ketalī
tetera (f)	चायदानी (f)	chāyadānī
tapa (f)	ढक्कन (m)	dhakkan
colador (m) de té	छलनी (f)	chhalanī
cuchara (f)	चम्मच (m)	chammach
cucharilla (f)	चम्मच (m)	chammach
cuchara (f) de sopa	चम्मच (m)	chammach
tenedor (m)	काँटा (m)	kānta

cuchillo (m)	छुरी (f)	chhurī
vajilla (f)	बर्तन (m)	baratan
plato (m)	तश्तरी (f)	tashtarī
platillo (m)	तश्तरी (f)	tashtarī
vaso (m) de chupito	जाम (m)	jām
vaso (m) (~ de agua)	गिलास (m)	gilās
taza (f)	प्याला (m)	pyāla
azucarera (f)	चीनीदानी (f)	chīnīdānī
salero (m)	नमकदानी (m)	namakadānī
pimentero (m)	मिर्चदानी (f)	mirchadānī
mantequera (f)	मक्खनदानी (f)	makkhanadānī
cacerola (f)	सॉसपैन (m)	sosapain
sartén (f)	फ़्राइ पैन (f)	frai pain
cucharón (m)	डोई (f)	doī
colador (m)	कालेन्डर (m)	kālendar
bandeja (f)	थाली (m)	thālī
botella (f)	बोतल (f)	botal
tarro (m) de vidrio	शीशी (f)	shīshī
lata (f)	डिब्बा (m)	dibba
abrebotellas (m)	बोतल ओपनर (m)	botal opanar
abrelatas (m)	ओपनर (m)	opanar
sacacorchos (m)	पेंचकस (m)	penchakas
filtro (m)	फ़िल्टर (m)	filtar
filtrar (vt)	फ़िल्टर करना	filtar karana
basura (f)	कूड़ा (m)	kūra
cubo (m) de basura	कूड़े की बाल्टी (f)	kūre kī bāltī

72. El baño

cuarto (m) de baño	स्नानघर (m)	snānaghar
agua (f)	पानी (m)	pānī
grifo (m)	नल (m)	nal
agua (f) caliente	गरम पानी (m)	garam pānī
agua (f) fría	ठंडा पानी (m)	thanda pānī
pasta (f) de dientes	टूथपेस्ट (m)	tūthapest
limpiarse los dientes	दाँत ब्रश करना	dānt brash karana
afeitarse (vr)	शेव करना	shev karana
espuma (f) de afeitar	शेविंग फ़ोम (m)	sheving fom
maquinilla (f) de afeitar	रेज़र (f)	rezar
lavar (vt)	धोना	dhona
darse un baño	नहाना	nahāna
ducha (f)	शावर (m)	shāvar
darse una ducha	शावर लेना	shāvar lena
bañera (f)	बाथटब (m)	bāthatab
inodoro (m)	संडास (m)	sandās

lavabo (m)	सिंक (m)	sink
jabón (m)	साबुन (m)	sābun
jabonera (f)	साबुनदानी (f)	sābunadānī
esponja (f)	स्पंज (f)	spanj
champú (m)	शैम्पू (m)	shaimpū
toalla (f)	तौलिया (f)	tauliya
bata (f) de baño	चोगा (m)	choga
colada (f), lavado (m)	धुलाई (f)	dhulaī
lavadora (f)	वॉशिंग मशीन (f)	voshing mashīn
lavar la ropa	कपड़े धोना	kapare dhona
detergente (m) en polvo	कपड़े धोने का पाउडर (m)	kapare dhone ka paudar

73. Los aparatos domésticos

televisor (m)	टीवी सेट (m)	tīvī set
magnetófono (m)	टेप रिकॉर्डर (m)	tep rikārdar
vídeo (m)	वीडियो टेप रिकॉर्डर (m)	vīdiyo tep rikārdar
radio (m)	रेडियो (m)	rediyo
reproductor (m) (~ MP3)	प्लेयर (m)	pleyar
proyector (m) de vídeo	वीडियो प्रोजेक्टर (m)	vīdiyo projektar
sistema (m) home cinema	होम थीएटर (m)	hom thīetar
reproductor (m) de DVD	डीवीडी प्लेयर (m)	dīvīdī pleyar
amplificador (m)	ध्वनि-विस्तारक (m)	dhvani-vistārak
videoconsola (f)	वीडियो गेम कन्सोल (m)	vīdiyo gem kansol
cámara (f) de vídeo	वीडियो कैमरा (m)	vīdiyo kaimara
cámara (f) fotográfica	कैमरा (m)	kaimara
cámara (f) digital	डीजिटल कैमरा (m)	dījital kaimara
aspirador (m), aspiradora (f)	वैक्यूम क्लीनर (m)	vaikyūm klīnar
plancha (f)	इस्तरी (f)	istarī
tabla (f) de planchar	इस्तरी तख्ता (m)	istarī takhta
teléfono (m)	टेलीफ़ोन (m)	telīfon
teléfono (m) móvil	मोबाइल फ़ोन (m)	mobail fon
máquina (f) de escribir	टाइपराइटर (m)	taiparaitar
máquina (f) de coser	सिलाई मशीन (f)	silaī mashīn
micrófono (m)	माइक्रोफ़ोन (m)	maikrofon
auriculares (m pl)	हैडफ़ोन (m pl)	hairafon
mando (m) a distancia	रिमोट (m)	rimot
CD (m)	सीडी (m)	sīdī
casete (m)	कैसेट (f)	kaiset
disco (m) de vinilo	रिकार्ड (m)	rikārd

LA TIERRA. EL TIEMPO

74. El espacio

cosmos (m)	अंतरिक्ष (m)	antariksh
espacial, cósmico (adj)	अंतरिक्षीय	antarikshīy
espacio (m) cósmico	अंतरिक्ष (m)	antariksh
mundo (m), universo (m)	ब्रह्माण्ड (m)	brahmānd
galaxia (f)	आकाशगंगा (f)	ākāshaganga
estrella (f)	सितारा (m)	sitāra
constelación (f)	नक्षत्र (m)	nakshatr
planeta (m)	ग्रह (m)	grah
satélite (m)	उपग्रह (m)	upagrah
meteorito (m)	उल्का पिंड (m)	ulka pind
cometa (m)	पुच्छल तारा (m)	puchchhal tāra
asteroide (m)	ग्रहिका (f)	grahika
órbita (f)	ग्रहपथ (m)	grahapath
girar (vi)	चक्कर लगना	chakkar lagana
atmósfera (f)	वातावरण (m)	vātāvaran
Sol (m)	सूरज (m)	sūraj
sistema (m) solar	सौर प्रणाली (f)	saur pranālī
eclipse (m) de Sol	सूर्य ग्रहण (m)	sūry grahan
Tierra (f)	पृथ्वी (f)	prthvī
Luna (f)	चाँद (m)	chānd
Marte (m)	मंगल (m)	mangal
Venus (f)	शुक्र (m)	shukr
Júpiter (m)	बृहस्पति (m)	brhaspati
Saturno (m)	शनि (m)	shani
Mercurio (m)	बुध (m)	budh
Urano (m)	अरुण (m)	arun
Neptuno (m)	वरूण (m)	varūn
Plutón (m)	प्लूटो (m)	plūto
la Vía Láctea	आकाश गंगा (f)	ākāsh ganga
la Osa Mayor	ससर्षिमंडल (m)	saptarshimandal
la Estrella Polar	ध्रुव तारा (m)	dhruv tāra
marciano (m)	मंगल ग्रह का निवासी (m)	mangal grah ka nivāsī
extraterrestre (m)	अन्य नक्षत्र का निवासी (m)	any nakshatr ka nivāsī
planetícola (m)	अन्य नक्षत्र का निवासी (m)	any nakshatr ka nivāsī
platillo (m) volante	उड़न तश्तरी (f)	uran tashtarī
nave (f) espacial	अंतरिक्ष विमान (m)	antariksh vimān
estación (f) orbital	अंतरिक्ष अड्डा (m)	antariksh adda

despegue (m)	चालू करना (m)	chālū karana
motor (m)	इंजन (m)	injan
tobera (f)	नोज़ल (m)	nozal
combustible (m)	ईंधन (m)	īndhan

carlinga (f)	केबिन (m)	kebin
antena (f)	एरियल (m)	eriyal
ventana (f)	विमान गवाक्ष (m)	vimān gavāksh
batería (f) solar	सौर पेनल (m)	saur penal
escafandra (f)	अंतरिक्ष पोशाक (m)	antariksh poshāk

| ingravidez (f) | भारहीनता (m) | bhārahīnata |
| oxígeno (m) | आक्सीजन (m) | āksījan |

| atraque (m) | डॉकिंग (f) | doking |
| realizar el atraque | डॉकिंग करना | doking karana |

observatorio (m)	वेधशाला (m)	vedhashāla
telescopio (m)	दूरबीन (f)	dūrabīn
observar (vt)	देखना	dekhana
explorar (~ el universo)	जाँचना	jānchana

75. La tierra

Tierra (f)	पृथ्वी (f)	prthvī
globo (m) terrestre	गोला (m)	gola
planeta (m)	ग्रह (m)	grah

atmósfera (f)	वातावरण (m)	vātāvaran
geografía (f)	भूगोल (m)	bhūgol
naturaleza (f)	प्रकृति (f)	prakrti

globo (m) terráqueo	गोलक (m)	golak
mapa (m)	नक्शा (m)	naksha
atlas (m)	मानचित्रावली (f)	mānachitrāvalī

Europa (f)	यूरोप (m)	yūrop
Asia (f)	एशिया (f)	eshiya
África (f)	अफ्रीका (m)	afrīka
Australia (f)	ऑस्ट्रेलिया (m)	ostreliya

América (f)	अमेरिका (f)	amerika
América (f) del Norte	उत्तरी अमेरिका (f)	uttarī amerika
América (f) del Sur	दक्षिणी अमेरिका (f)	dakshinī amerika

| Antártida (f) | अंटार्कटिक (m) | antārkatik |
| Ártico (m) | आर्कटिक (m) | ārkatik |

76. Los puntos cardinales

| norte (m) | उत्तर (m) | uttar |
| al norte | उत्तर की ओर | uttar kī or |

en el norte	उत्तर में	uttar men
del norte (adj)	उत्तरी	uttarī
sur (m)	दक्षिण (m)	dakshin
al sur	दक्षिण की ओर	dakshin kī or
en el sur	दक्षिण में	dakshin men
del sur (adj)	दक्षिणी	dakshinī
oeste (m)	पश्चिम (m)	pashchim
al oeste	पश्चिम की ओर	pashchim kī or
en el oeste	पश्चिम में	pashchim men
del oeste (adj)	पश्चिमी	pashchimī
este (m)	पूर्व (m)	pūrv
al este	पूर्व की ओर	pūrv kī or
en el este	पूर्व में	pūrv men
del este (adj)	पूर्वी	pūrvī

77. El mar. El océano

mar (m)	सागर (m)	sāgar
océano (m)	महासागर (m)	mahāsāgar
golfo (m)	खाड़ी (f)	khārī
estrecho (m)	जलग्रीवा (m)	jalagrīva
continente (m)	महाद्वीप (m)	mahādvīp
isla (f)	द्वीप (m)	dvīp
península (f)	प्रायद्वीप (m)	prāyadvīp
archipiélago (m)	द्वीप समूह (m)	dvīp samūh
bahía (f)	तट-खाड़ी (f)	tat-khārī
ensenada, bahía (f)	बंदरगाह (m)	bandaragāh
laguna (f)	लैगून (m)	laigūn
cabo (m)	अंतरीप (m)	antarīp
atolón (m)	एटोल (m)	etol
arrecife (m)	रीफ़ (m)	rīf
coral (m)	प्रवाल (m)	pravāl
arrecife (m) de coral	प्रवाल रीफ़ (m)	pravāl rīf
profundo (adj)	गहरा	gahara
profundidad (f)	गहराई (f)	gaharaī
abismo (m)	रसातल (m)	rasātal
fosa (f) oceánica	गढ़ा (m)	garha
corriente (f)	धारा (f)	dhāra
bañar (rodear)	घिरा होना	ghira hona
orilla (f)	किनारा (m)	kināra
costa (f)	तटबंध (f)	tatabandh
flujo (m)	ज्वार (m)	jvār
reflujo (m)	भाटा (m)	bhāta
banco (m) de arena	रेती (m)	retī

fondo (m)	तला (m)	tala
ola (f)	तरंग (f)	tarang
cresta (f) de la ola	तरंग शिखर (f)	tarang shikhar
espuma (f)	झाग (m)	jhāg
huracán (m)	तूफ़ान (m)	tufān
tsunami (m)	सुनामी (f)	sunāmī
bonanza (f)	शांत (m)	shānt
calmo, tranquilo	शांत	shānt
polo (m)	ध्रुव (m)	dhruv
polar (adj)	ध्रुवीय	dhruvīy
latitud (f)	अक्षांश (m)	akshānsh
longitud (f)	देशान्तर (m)	deshāntar
paralelo (m)	समांतर-रेखा (f)	samāntar-rekha
ecuador (m)	भूमध्य रेखा (f)	bhūmadhy rekha
cielo (m)	आकाश (f)	ākāsh
horizonte (m)	क्षितिज (m)	kshitij
aire (m)	हवा (f)	hava
faro (m)	प्रकाशस्तंभ (m)	prakāshastambh
bucear (vi)	गोता मारना	gota mārana
hundirse (vr)	डूब जाना	dūb jāna
tesoros (m pl)	खज़ाना (m)	khazāna

78. Los nombres de los mares y los océanos

océano (m) Atlántico	अटलांटिक महासागर (m)	atalāntik mahāsāgar
océano (m) Índico	हिन्द महासागर (m)	hind mahāsāgar
océano (m) Pacífico	प्रशांत महासागर (m)	prashānt mahāsāgar
océano (m) Glacial Ártico	उत्तरी ध्रुव महासागर (m)	uttarī dhuv mahāsāgar
mar (m) Negro	काला सागर (m)	kāla sāgar
mar (m) Rojo	लाल सागर (m)	lāl sāgar
mar (m) Amarillo	पीला सागर (m)	pīla sāgar
mar (m) Blanco	सफ़ेद सागर (m)	safed sāgar
mar (m) Caspio	कैस्पियन सागर (m)	kaispiyan sāgar
mar (m) Muerto	मृत सागर (m)	mrt sāgar
mar (m) Mediterráneo	भूमध्य सागर (m)	bhūmadhy sāgar
mar (m) Egeo	ईजियन सागर (m)	ījiyan sāgar
mar (m) Adriático	एड्रिएटिक सागर (m)	edrietik sāgar
mar (m) Arábigo	अरब सागर (m)	arab sāgar
mar (m) del Japón	जापान सागर (m)	jāpān sāgar
mar (m) de Bering	बेरिंग सागर (m)	bering sāgar
mar (m) de la China Meridional	दक्षिण चीन सागर (m)	dakshin chīn sāgar
mar (m) del Coral	कोरल सागर (m)	koral sāgar
mar (m) de Tasmania	तस्मान सागर (m)	tasmān sāgar

mar (m) Caribe	करिबियन सागर (m)	karibiyan sāgar
mar (m) de Barents	बैरेंट्स सागर (m)	bairents sāgar
mar (m) de Kara	काड़ा सागर (m)	kāra sāgar

mar (m) del Norte	उत्तर सागर (m)	uttar sāgar
mar (m) Báltico	बाल्टिक सागर (m)	bāltik sāgar
mar (m) de Noruega	नार्वे सागर (m)	nārve sāgar

79. Las montañas

montaña (f)	पहाड़ (m)	pahār
cadena (f) de montañas	पर्वत माला (f)	parvat māla
cresta (f) de montañas	पहाड़ों का सिलसिला (m)	pahāron ka silasila

cima (f)	चोटी (f)	chotī
pico (m)	शिखर (m)	shikhar
pie (m)	तलहटी (f)	talahatī
cuesta (f)	ढलान (f)	dhalān

volcán (m)	ज्वालामुखी (m)	jvālāmukhī
volcán (m) activo	सक्रिय ज्वालामुखी (m)	sakriy jvālāmukhī
volcán (m) apagado	निष्क्रिय ज्वालामुखी (m)	nishkriy jvālāmukhī

erupción (f)	विस्फोटन (m)	visfotan
cráter (m)	ज्वालामुखी का मुख (m)	jvālāmukhī ka mukh
magma (m)	मैग्मा (m)	maigma

| lava (f) | लावा (m) | lāva |
| fundido (lava ~a) | पिघला हुआ | pighala hua |

cañón (m)	घाटी (m)	ghātī
desfiladero (m)	तंग घाटी (f)	tang ghātī
grieta (f)	दरार (m)	darār

| puerto (m) (paso) | मार्ग (m) | mārg |
| meseta (f) | पठार (m) | pathār |

| roca (f) | शिला (f) | shila |
| colina (f) | टीला (m) | tīla |

| glaciar (m) | हिमनद (m) | himanad |
| cascada (f) | झरना (m) | jharana |

| geiser (m) | उष्ण जल स्रोत (m) | ushn jal srot |
| lago (m) | तालाब (m) | tālāb |

llanura (f)	समतल प्रदेश (m)	samatal pradesh
paisaje (m)	परिदृश्य (m)	paridrshy
eco (m)	गूँज (f)	gūnj

alpinista (m)	पर्वतारोही (m)	parvatārohī
escalador (m)	पर्वतारोही (m)	parvatārohī
conquistar (vt)	चोटी पर पहुँचना	chotī par pahunchana
ascensión (f)	चढ़ाव (m)	charhāv

80. Los nombres de las montañas

Alpes (m pl)	आल्पस (m)	ālpas
Montblanc (m)	मोन्ट ब्लैंक (m)	mont blaink
Pirineos (m pl)	पाइरीनीज़ (f pl)	pairīnīz
Cárpatos (m pl)	कार्पाथियेन्स (m)	kārpāthiyens
Urales (m pl)	यूरल (m)	yūral
Cáucaso (m)	कोकेशिया के पहाड़ (m)	kokeshiya ke pahār
Elbrus (m)	एल्ब्रस पर्वत (m)	elbras parvat
Altai (m)	अल्टाई पर्वत (m)	altaī parvat
Tian-Shan (m)	तियान शान (m)	tiyān shān
Pamir (m)	पामीर पर्वत (m)	pāmīr parvat
Himalayos (m pl)	हिमालय (m)	himālay
Everest (m)	माउंट एवरेस्ट (m)	maunt evarest
Andes (m pl)	एंडीज़ (f pl)	endīz
Kilimanjaro (m)	किलीमन्जारो (m)	kilīmanjāro

81. Los ríos

río (m)	नदी (f)	nadī
manantial (m)	झरना (m)	jharana
lecho (m) (curso de agua)	नदी तल (m)	nadī tal
cuenca (f) fluvial	बेसिन (m)	besin
desembocar en ...	गिरना	girana
afluente (m)	उपनदी (f)	upanadī
ribera (f)	तट (m)	tat
corriente (f)	धारा (f)	dhāra
río abajo (adv)	बहाव के साथ	bahāv ke sāth
río arriba (adv)	बहाव के विरुद्ध	bahāv ke virūddh
inundación (f)	बाढ़ (f)	bārh
riada (f)	बाढ़ (f)	bārh
desbordarse (vr)	उमड़ना	umarana
inundar (vt)	पानी से भरना	pānī se bharana
bajo (m) arenoso	छिछला पानी (m)	chhichhala pānī
rápido (m)	तेज़ उतार (m)	tez utār
presa (f)	बांध (m)	bāndh
canal (m)	नहर (f)	nahar
lago (m) artificiale	जलाशय (m)	jalāshay
esclusa (f)	स्लूस (m)	slūs
cuerpo (m) de agua	जल स्रोत (m)	jal srot
pantano (m)	दलदल (f)	daladal
ciénaga (f)	दलदल (f)	daladal
remolino (m)	भंवर (m)	bhanvar
arroyo (m)	झरना (m)	jharana

| potable (adj) | पीने का | pīne ka |
| dulce (agua ~) | ताज़ा | tāza |

| hielo (m) | बर्फ़ (m) | barf |
| helarse (el lago, etc.) | जम जाना | jam jāna |

82. Los nombres de los ríos

| Sena (m) | सीन (f) | sīn |
| Loira (m) | लॉयर (f) | loyar |

Támesis (m)	थेम्स (f)	thems
Rin (m)	राइन (f)	rain
Danubio (m)	डेन्यूब (f)	denyūb

Volga (m)	वोल्गा (f)	volga
Don (m)	डॉन (f)	don
Lena (m)	लेना (f)	lena

Río (m) Amarillo	ह्वांग हे (f)	hvāng he
Río (m) Azul	यांग्त्ज़ी (f)	yāngtzī
Mekong (m)	मेकांग (f)	mekāng
Ganges (m)	गंगा (f)	ganga

Nilo (m)	नील (f)	nīl
Congo (m)	कांगो (f)	kāngo
Okavango (m)	ओकावान्गो (f)	okāvāngo
Zambeze (m)	ज़म्बेज़ी (f)	zambezī
Limpopo (m)	लिम्पोपो (f)	limpopo
Misisipi (m)	मिसिसिपी (f)	misisipī

83. El bosque

| bosque (m) | जंगल (m) | jangal |
| de bosque (adj) | जंगली | jangalī |

espesura (f)	घना जंगल (m)	ghana jangal
bosquecillo (m)	उपवान (m)	upavān
claro (m)	खुला छोटा मैदान (m)	khula chhota maidān

| maleza (f) | झाड़ियाँ (f pl) | jhāriyān |
| matorral (m) | झाड़ियों भरा मैदान (m) | jhāriyon bhara maidān |

| senda (f) | फुटपाथ (m) | futapāth |
| barranco (m) | नाली (f) | nālī |

árbol (m)	पेड़ (m)	per
hoja (f)	पत्ता (m)	patta
follaje (m)	पत्तियां (f)	pattiyān

| caída (f) de hojas | पतझड़ (m) | patajhar |
| caer (las hojas) | गिरना | girana |

cima (f)	शिखर (m)	shikhar
rama (f)	टहनी (f)	tahanī
rama (f) (gruesa)	शाखा (f)	shākha
brote (m)	कलिका (f)	kalika
aguja (f)	सुई (f)	suī
piña (f)	शंकुफल (m)	shankufal

| agujero (m) | खोखला (m) | khokhala |
| nido (m) | घोंसला (m) | ghonsala |

tronco (m)	तना (m)	tana
raíz (f)	जड़ (f)	jar
corteza (f)	छाल (f)	chhāl
musgo (m)	काई (f)	kaī

extirpar (vt)	उखाड़ना	ukhārana
talar (vt)	काटना	kātana
deforestar (vt)	जंगल काटना	jangal kātana
tocón (m)	ठूंठ (m)	thūnth

hoguera (f)	अलाव (m)	alāv
incendio (m) forestal	जंगल की आग (f)	jangal kī āg
apagar (~ el incendio)	आग बुझाना	āg bujhāna

guarda (m) forestal	वनरक्षक (m)	vanarakshak
protección (f)	रक्षा (f)	raksha
proteger (vt)	रक्षा करना	raksha karana
cazador (m) furtivo	चोर शिकारी (m)	chor shikārī
cepo (m)	फंदा (m)	fanda

| recoger (setas, bayas) | बटोरना | batorana |
| perderse (vr) | रास्ता भूलना | rāsta bhūlana |

84. Los recursos naturales

recursos (m pl) naturales	प्राकृतिक संसाधन (m pl)	prākrtik sansādhan
recursos (m pl) subterráneos	खनिज पदार्थ (m pl)	khanij padārth
depósitos (m pl)	तह (f pl)	tah
yacimiento (m)	क्षेत्र (m)	kshetr

extraer (vt)	खोदना	khodana
extracción (f)	खनिकर्म (m)	khanikarm
mena (f)	अयस्क (m)	ayask
mina (f)	खान (f)	khān
pozo (m) de mina	शैफ्ट (m)	shaifat
minero (m)	खनिक (m)	khanik

| gas (m) | गैस (m) | gais |
| gasoducto (m) | गैस पाइप लाइन (m) | gais paip lain |

petróleo (m)	पेट्रोल (m)	petrol
oleoducto (m)	तेल पाइप लाइन (m)	tel paip lain
pozo (m) de petróleo	तेल का कुँआ (m)	tel ka kuna
torre (f) de sondeo	डेरिक (m)	derik

petrolero (m)	टैंकर (m)	tainkar
arena (f)	रेत (m)	ret
caliza (f)	चूना पत्थर (m)	chūna patthar
grava (f)	बजरी (f)	bajarī
turba (f)	पीट (m)	pīt
arcilla (f)	मिट्टी (f)	mittī
carbón (m)	कोयला (m)	koyala
hierro (m)	लोहा (m)	loha
oro (m)	सोना (m)	sona
plata (f)	चाँदी (f)	chāndī
níquel (m)	गिलट (m)	gilat
cobre (m)	ताँबा (m)	tānba
zinc (m)	जस्ता (m)	jasta
manganeso (m)	अयस (m)	ayas
mercurio (m)	पारा (f)	pāra
plomo (m)	सीसा (f)	sīsa
mineral (m)	खनिज (m)	khanij
cristal (m)	क्रिस्टल (m)	kristal
mármol (m)	संगमरमर (m)	sangamaramar
uranio (m)	यूरेनियम (m)	yūreniyam

85. El tiempo

tiempo (m)	मौसम (m)	mausam
previsión (f) del tiempo	मौसम का पूर्वानुमान (m)	mausam ka pūrvānumān
temperatura (f)	तापमान (m)	tāpamān
termómetro (m)	थर्मामीटर (m)	tharmāmītar
barómetro (m)	बैरोमीटर (m)	bairomītar
humedad (f)	नमी (f)	namī
bochorno (m)	गरमी (f)	garamī
tórrido (adj)	गरम	garam
hace mucho calor	गरमी है	garamī hai
hace calor (templado)	गरम है	garam hai
templado (adj)	गरम	garam
hace frío	ठंडक है	thandak hai
frío (adj)	ठंडा	thanda
sol (m)	सूरज (m)	sūraj
brillar (vi)	चमकना	chamakana
soleado (un día ~)	धूपदार	dhūpadār
elevarse (el sol)	उगना	ugana
ponerse (vr)	डूबना	dūbana
nube (f)	बादल (m)	bādal
nuboso (adj)	मेघाच्छादित	meghāchchhādit
nubarrón (m)	घना बादल (m)	ghana bādal
nublado (adj)	बदली	badalī
lluvia (f)	बारिश (f)	bārish

está lloviendo	बारिश हो रही है	bārish ho rahī hai
lluvioso (adj)	बरसाती	barasātī
lloviznar (vi)	बूंदाबांदी होना	būndābāndī hona

aguacero (m)	मूसलधार बारिश (f)	mūsaladhār bārish
chaparrón (m)	मूसलधार बारिश (f)	mūsaladhār bārish
fuerte (la lluvia ~)	भारी	bhārī
charco (m)	पोखर (m)	pokhar
mojarse (vr)	भीगना	bhīgana

niebla (f)	कुहरा (m)	kuhara
nebuloso (adj)	कुहरेदार	kuharedār
nieve (f)	बर्फ़ (f)	barf
está nevando	बर्फ़ पड़ रही है	barf par rahī hai

86. Los eventos climáticos severos. Los desastres naturales

tormenta (f)	गरजवाला तुफ़ान (m)	garajavāla tufān
relámpago (m)	बिजली (m)	bijalī
relampaguear (vi)	चमकना	chamakana

trueno (m)	गरज (m)	garaj
tronar (vi)	बादल गरजना	bādal garajana
está tronando	बादल गरज रहा है	bādal garaj raha hai

| granizo (m) | ओला (m) | ola |
| está granizando | ओले पड़ रहे हैं | ole par rahe hain |

| inundar (vt) | बाढ़ आ जाना | bārh ā jāna |
| inundación (f) | बाढ़ (f) | bārh |

terremoto (m)	भूकंप (m)	bhūkamp
sacudida (f)	झटका (m)	jhataka
epicentro (m)	अधिकेंद्र (m)	adhikendr

| erupción (f) | उद्गार (m) | udgār |
| lava (f) | लावा (m) | lāva |

torbellino (m)	बवंडर (m)	bavandar
tornado (m)	टोर्नेडो (m)	tornedo
tifón (m)	रतूफ़ान (m)	ratūfān

huracán (m)	समुद्री तूफ़ान (m)	samudrī tūfān
tempestad (f)	तुफ़ान (m)	tufān
tsunami (m)	सुनामी (f)	sunāmī

ciclón (m)	चक्रवात (m)	chakravāt
mal tiempo (m)	ख़राब मौसम (m)	kharāb mausam
incendio (m)	आग (f)	āg
catástrofe (f)	प्रलय (m)	pralay
meteorito (m)	उल्का पिंड (m)	ulka pind

| avalancha (f) | हिमस्खलन (m) | himaskhalan |
| alud (m) de nieve | हिमस्खलन (m) | himaskhalan |

ventisca (f)	बर्फ़ का तुफ़ान (m)	barf ka tufān
nevasca (f)	बर्फ़ीला तुफ़ान (m)	barfila tufān

LA FAUNA

87. Los mamíferos. Los predadores

carnívoro (m)	परभक्षी (m)	parabhakshī
tigre (m)	बाघ (m)	bāgh
león (m)	शेर (m)	sher
lobo (m)	भेड़िया (m)	bheriya
zorro (m)	लोमड़ी (f)	lomri
jaguar (m)	जागुआर (m)	jāguār
leopardo (m)	तेंदुआ (m)	tendua
guepardo (m)	चीता (m)	chīta
pantera (f)	काला तेंदुआ (m)	kāla tendua
puma (f)	पहाड़ी बिलाव (m)	pahādī bilāv
leopardo (m) de las nieves	हिम तेंदुआ (m)	him tendua
lince (m)	वन बिलाव (m)	van bilāv
coyote (m)	कोयोट (m)	koyot
chacal (m)	गीदड़ (m)	gīdar
hiena (f)	लकड़बग्घा (m)	lakarabaggha

88. Los animales salvajes

animal (m)	जानवर (m)	jānavar
bestia (f)	जानवर (m)	jānavar
ardilla (f)	गिलहरी (f)	gilaharī
erizo (m)	कांटा-चूहा (m)	kānta-chūha
liebre (f)	खरगोश (m)	kharagosh
conejo (m)	खरगोश (m)	kharagosh
tejón (m)	बिज्जू (m)	bijjū
mapache (m)	रैकून (m)	raikūn
hámster (m)	हैम्स्टर (m)	haimstar
marmota (f)	मारमोट (m)	māramot
topo (m)	छछूंदर (m)	chhachhūndar
ratón (m)	चूहा (m)	chūha
rata (f)	घूस (m)	ghūs
murciélago (m)	चमगादड़ (m)	chamagādar
armiño (m)	नेवला (m)	nevala
cebellina (f)	सेबल (m)	sebal
marta (f)	मारटेन (m)	māraten
comadreja (f)	नेवला (m)	nevala
visón (m)	मिंक (m)	mink

castor (m)	ऊदबिलाव (m)	ūdabilāv
nutria (f)	ऊदबिलाव (m)	ūdabilāv
caballo (m)	घोड़ा (m)	ghora
alce (m)	मूस (m)	mūs
ciervo (m)	हिरण (m)	hiran
camello (m)	ऊंट (m)	ūnt
bisonte (m)	बाइसन (m)	baisan
uro (m)	जंगली बैल (m)	jangalī bail
búfalo (m)	भैंस (m)	bhains
cebra (f)	ज़ेबरा (m)	zebara
antílope (m)	मृग (f)	mrg
corzo (m)	मृगनी (f)	mrgnī
gamo (m)	चीतल (m)	chītal
gamuza (f)	शैमी (f)	shaimī
jabalí (m)	जंगली सुआर (m)	jangalī suār
ballena (f)	हेल (f)	hvel
foca (f)	सील (m)	sīl
morsa (f)	वॉलरस (m)	volaras
oso (m) marino	फर सील (f)	far sīl
delfín (m)	डॉलफ़िन (f)	dolafin
oso (m)	रीछ (m)	rīchh
oso (m) blanco	सफ़ेद रीछ (m)	safed rīchh
panda (f)	पांडा (m)	pānda
mono (m)	बंदर (m)	bandar
chimpancé (m)	वनमानुष (m)	vanamānush
orangután (m)	वनमानुष (m)	vanamānush
gorila (m)	गोरिला (m)	gorila
macaco (m)	अफ़्रिकन लंगूर (m)	afrikan langūr
gibón (m)	गिब्बन (m)	gibban
elefante (m)	हाथी (m)	hāthī
rinoceronte (m)	गैंडा (m)	gainda
jirafa (f)	ज़िराफ़ (m)	jirāf
hipopótamo (m)	दरियाई घोड़ा (m)	dariyaī ghora
canguro (m)	कंगारू (m)	kangārū
koala (f)	कोआला (m)	koāla
mangosta (f)	नेवला (m)	nevala
chinchilla (f)	चिनचीला (f)	chinachīla
mofeta (f)	स्कंक (m)	skank
espín (m)	शल्यक (f)	shalyak

89. Los animales domésticos

gata (f)	बिल्ली (f)	billī
gato (m)	बिल्ला (m)	billa
perro (m)	कुत्ता (m)	**kutta**

caballo (m)	घोड़ा (m)	ghora
garañón (m)	घोड़ा (m)	ghora
yegua (f)	घोड़ी (f)	ghorī

vaca (f)	गाय (f)	gāy
toro (m)	बैल (m)	bail
buey (m)	बैल (m)	bail

oveja (f)	भेड़ (f)	bher
carnero (m)	भेड़ा (m)	bhera
cabra (f)	बकरी (f)	bakarī
cabrón (m)	बकरा (m)	bakara

| asno (m) | गधा (m) | gadha |
| mulo (m) | खच्चर (m) | khachchar |

cerdo (m)	सुअर (m)	suar
cerdito (m)	घेंटा (m)	ghenta
conejo (m)	खरगोश (m)	kharagosh

| gallina (f) | मुर्गी (f) | murgī |
| gallo (m) | मुर्गा (m) | murga |

pato (m)	बत्तख़ (f)	battakh
ánade (m)	नर बत्तख़ (m)	nar battakh
ganso (m)	हंस (m)	hans

| pavo (m) | नर टर्की (m) | nar tarkī |
| pava (f) | टर्की (f) | tarkī |

animales (m pl) domésticos	घरेलू पशु (m pl)	gharelū pashu
domesticado (adj)	पालतू	pālatū
domesticar (vt)	पालतू बनाना	pālatū banāna
criar (vt)	पालना	pālana

granja (f)	खेत (m)	khet
aves (f pl) de corral	मुर्गी पालन (f)	murgī pālan
ganado (m)	मवेशी (m)	maveshī
rebaño (m)	पशु समूह (m)	pashu samūh

caballeriza (f)	अस्तबल (m)	astabal
porqueriza (f)	सूअरखाना (m)	sūarakhāna
vaquería (f)	गोशाला (f)	goshāla
conejal (m)	खरगोश का दरबा (m)	kharagosh ka daraba
gallinero (m)	मुर्गीखाना (m)	murgīkhāna

90. Los pájaros

pájaro (m)	चिड़िया (f)	chiriya
paloma (f)	कबूतर (m)	kabūtar
gorrión (m)	गौरैया (f)	gauraiya
carbonero (m)	टिटरी (f)	titarī
urraca (f)	नीलकण्ठ पक्षी (f)	nīlakanth pakshī
cuervo (m)	काला कौआ (m)	kāla kaua

corneja (f)	कौआ (m)	kaua
chova (f)	कौआ (m)	kaua
grajo (m)	कौआ (m)	kaua
pato (m)	बतख़ (f)	battakh
ganso (m)	हंस (m)	hans
faisán (m)	तीतर (m)	tītar
águila (f)	चील (f)	chīl
azor (m)	बाज़ (m)	bāz
halcón (m)	बाज़ (m)	bāz
buitre (m)	गिद्ध (m)	giddh
cóndor (m)	कॉन्डोर (m)	kondor
cisne (m)	राजहंस (m)	rājahans
grulla (f)	सारस (m)	sāras
cigüeña (f)	लकलक (m)	lakalak
loro (m), papagayo (m)	तोता (m)	tota
colibrí (m)	हमिंग बर्ड (f)	haming bard
pavo (m) real	मोर (m)	mor
avestruz (m)	शुतुरमुर्ग (m)	shuturamurg
garza (f)	बगुला (m)	bagula
flamenco (m)	फ्लेमिन्गो (m)	flemingo
pelícano (m)	हवासिल (m)	havāsil
ruiseñor (m)	बुलबुल (m)	bulabul
golondrina (f)	अबाबील (f)	abābīl
tordo (m)	मुखव्रण (f)	mukhavran
zorzal (m)	मुखव्रण (f)	mukhavran
mirlo (m)	ब्लैकबर्ड (m)	blaikabard
vencejo (m)	बतासी (f)	batāsī
alondra (f)	भरत (m)	bharat
codorniz (f)	वर्तक (m)	varttak
pájaro carpintero (m)	कठफोड़ा (m)	kathafora
cuco (m)	कोयल (f)	koyal
lechuza (f)	उल्लू (m)	ullū
búho (m)	गरुड़ उल्लू (m)	garūr ullū
urogallo (m)	तीतर (m)	tītar
gallo lira (m)	काला तीतर (m)	kāla tītar
perdiz (f)	चकोर (m)	chakor
estornino (m)	तिलिया (f)	tiliya
canario (m)	कनारी (f)	kanārī
ortega (f)	पिंगल तीतर (m)	pingal tītar
pinzón (m)	फ़िंच (m)	finch
camachuelo (m)	बुलफ़िंच (m)	bulafinch
gaviota (f)	गंगा-चिल्ली (f)	ganga-chillī
albatros (m)	अल्बात्रोस (m)	albātros
pingüino (m)	पेंगुइन (m)	penguin

91. Los peces. Los animales marinos

brema (f)	ब्रीम (f)	brīm
carpa (f)	कार्प (f)	kārp
perca (f)	पर्च (f)	parch
siluro (m)	कैटफ़िश (f)	kaitafish
lucio (m)	पाइक (f)	paik
salmón (m)	सैल्मन (f)	sailman
esturión (m)	स्टर्जन (f)	starjan
arenque (m)	हेरिंग (f)	hering
salmón (m) del Atlántico	अटलांटिक सैल्मन (f)	atalāntik sailman
caballa (f)	माक्रैल (f)	mākrail
lenguado (m)	फ़्लैटफ़िश (f)	flaitafish
lucioperca (f)	पाइक पर्च (f)	paik parch
bacalao (m)	कॉड (f)	kod
atún (m)	टूना (f)	tūna
trucha (f)	ट्राउट (f)	traut
anguila (f)	सर्पमीन (f)	sarpamīn
raya (f) eléctrica	विद्युत शंकुश (f)	vidyut shankush
morena (f)	मोरे सर्पमीन (f)	more sarpamīn
piraña (f)	पिरान्हा (f)	pirānha
tiburón (m)	शार्क (f)	shārk
delfín (m)	डॉल्फ़िन (f)	dolafin
ballena (f)	ह्वेल (f)	hvel
centolla (f)	केकड़ा (m)	kekara
medusa (f)	जेली फ़िश (f)	jelī fish
pulpo (m)	आक्टोपस (m)	āktopas
estrella (f) de mar	स्टार फ़िश (f)	stār fish
erizo (m) de mar	जलसाही (f)	jalasāhī
caballito (m) de mar	समुद्री घोड़ा (m)	samudrī ghora
ostra (f)	कस्तूरा (m)	kastūra
camarón (m)	झींगा (f)	jhīnga
bogavante (m)	लॉब्सटर (m)	lobsatar
langosta (f)	स्पाइनी लॉब्सटर (m)	spainī lobsatar

92. Los anfibios. Los reptiles

serpiente (f)	सर्प (m)	sarp
venenoso (adj)	विषैला	vishaila
víbora (f)	वाइपर (m)	vaipar
cobra (f)	नाग (m)	nāg
pitón (m)	अजगर (m)	ajagar
boa (f)	अजगर (m)	ajagar
culebra (f)	साँप (f)	sānp

serpiente (m) de cascabel	रैटल सर्प (m)	raital sarp
anaconda (f)	एनाकोन्डा (f)	enākonda
lagarto (m)	छिपकली (f)	chhipakalī
iguana (f)	इग्युएना (m)	igyūena
varano (m)	मॉनिटर छिपकली (f)	monitar chhipakalī
salamandra (f)	सैलामैंडर (m)	sailāmaindar
camaleón (m)	गिरगिट (m)	giragit
escorpión (m)	वृश्चिक (m)	vrshchik
tortuga (f)	कछुआ (m)	kachhua
rana (f)	मेंढक (m)	mendhak
sapo (m)	भेक (m)	bhek
cocodrilo (m)	मगर (m)	magar

93. Los insectos

insecto (m)	कीट (m)	kīt
mariposa (f)	तितली (f)	titalī
hormiga (f)	चींटी (f)	chīntī
mosca (f)	मक्खी (f)	makkhī
mosquito (m) (picadura de ~)	मच्छर (m)	machchhar
escarabajo (m)	भृंग (m)	bhrng
avispa (f)	हड्डा (m)	hadda
abeja (f)	मधुमक्खी (f)	madhumakkhī
abejorro (m)	भंवरा (m)	bhanvara
moscardón (m)	गोमक्खी (f)	gomakkhī
araña (f)	मकड़ी (f)	makarī
telaraña (f)	मकड़ी का जाल (m)	makarī ka jāl
libélula (f)	व्याध-पतंग (m)	vyādh-patang
saltamontes (m)	टिड्डा (m)	tidda
mariposa (f) nocturna	पतंगा (m)	patanga
cucaracha (f)	तिलचट्टा (m)	tilachatta
garrapata (f)	जुँआ (m)	juna
pulga (f)	पिस्सू (m)	pissū
mosca (f) negra	भुनगा (m)	bhunaga
langosta (f)	टिड्डी (f)	tiddī
caracol (m)	घोंघा (m)	ghongha
grillo (m)	झींगुर (m)	jhīngur
luciérnaga (f)	जुगनू (m)	juganū
mariquita (f)	सोनपंखी (f)	sonapankhī
sanjuanero (m)	कोकचाफ़ (m)	kokachāf
sanguijuela (f)	जोक (m)	jok
oruga (f)	इल्ली (f)	illī
lombriz (m) de tierra	केंचुआ (m)	kenchua
larva (f)	कीटडिंभ (m)	kītadimbh

LA FLORA

94. Los árboles

árbol (m)	पेड़ (m)	per
foliáceo (adj)	पर्णपाती	parnapātī
conífero (adj)	शंकुधर	shankudhar
de hoja perenne	सदाबहार	sadābahār
manzano (m)	सेब वृक्ष (m)	seb vrksh
peral (m)	नाशपाती का पेड़ (m)	nāshpātī ka per
cerezo (m), guindo (m)	चेरी का पेड़ (f)	cherī ka per
ciruelo (m)	आलूबुख़ारे का पेड़ (m)	ālūbukhāre ka per
abedul (m)	सनोबर का पेड़ (m)	sanobar ka per
roble (m)	बलूत (m)	balūt
tilo (m)	लिनडेन वृक्ष (m)	linaden vrksh
pobo (m)	आस्पेन वृक्ष (m)	āspen vrksh
arce (m)	मेपल (m)	mepal
pícea (f)	फर का पेड़ (m)	far ka per
pino (m)	देवदार (m)	devadār
alerce (m)	लार्च (m)	lārch
abeto (m)	फर (m)	far
cedro (m)	देवदर (m)	devadar
álamo (m)	पोप्लर वृक्ष (m)	poplar vrksh
serbal (m)	रोवाण (m)	rovān
sauce (m)	विलो (f)	vilo
aliso (m)	आल्डर वृक्ष (m)	āldar vrksh
haya (f)	बीच (m)	bīch
olmo (m)	एल्म वृक्ष (m)	elm vrksh
fresno (m)	एश-वृक्ष (m)	esh-vrksh
castaño (m)	चेस्टनट (m)	chestanat
magnolia (f)	मैगनोलिया (f)	maiganoliya
palmera (f)	ताड़ का पेड़ (m)	tār ka per
ciprés (m)	सरो (m)	saro
mangle (m)	मैनग्रोव (m)	mainagrov
baobab (m)	गोरक्षी (m)	gorakshī
eucalipto (m)	यूकेलिप्टस (m)	yūkeliptas
secoya (f)	सेकोइया (f)	sekoiya

95. Los arbustos

mata (f)	झाड़ी (f)	jhāṛī
arbusto (m)	झाड़ी (f)	jhāṛī

| vid (f) | अंगूर की बेल (f) | angūr kī bel |
| viñedo (m) | अंगूर का बाग़ (m) | angūr ka bāg |

frambueso (m)	रास्पबेरी की झाड़ी (f)	rāspaberī kī jhārī
grosellero (m) rojo	लाल करेंट की झाड़ी (f)	lāl karent kī jhārī
grosellero (m) espinoso	गूज़बेरी की झाड़ी (f)	gūzaberī kī jhārī

acacia (f)	ऐकेशिय (m)	aikeshiy
berberís (m)	बारबेरी झाड़ी (f)	bāraberī jhārī
jazmín (m)	चमेली (f)	chamelī

enebro (m)	जूनिपर (m)	jūnipar
rosal (m)	गुलाब की झाड़ी (f)	gulāb kī jhārī
escaramujo (m)	जंगली गुलाब (m)	jangalī gulāb

96. Las frutas. Las bayas

fruto (m)	फल (m)	fal
frutos (m pl)	फल (m pl)	fal
manzana (f)	सेब (m)	seb

| pera (f) | नाश्पाती (f) | nāshpātī |
| ciruela (f) | आलूबुखारा (m) | ālūbukhāra |

fresa (f)	स्ट्रॉबेरी (f)	stroberī
guinda (f), cereza (f)	चेरी (f)	cherī
uva (f)	अंगूर (m)	angūr

frambuesa (f)	रास्पबेरी (f)	rāspaberī
grosella (f) negra	काली करेंट (f)	kālī karent
grosella (f) roja	लाल करेंट (f)	lāl karent

| grosella (f) espinosa | गूज़बेरी (f) | gūzaberī |
| arándano (m) agrio | क्रेनबेरी (f) | krenaberī |

naranja (f)	संतरा (m)	santara
mandarina (f)	नारंगी (f)	nārangī
piña (f)	अनानास (m)	anānās

| banana (f) | केला (m) | kela |
| dátil (m) | खजूर (m) | khajūr |

limón (m)	नींबू (m)	nīmbū
albaricoque (m)	खूबानी (f)	khūbānī
melocotón (m)	आड़ू (m)	ārū

| kiwi (m) | चीकू (m) | chīkū |
| toronja (f) | ग्रेपफ्रूट (m) | grepafrūt |

baya (f)	बेरी (f)	berī
bayas (f pl)	बेरियां (f pl)	beriyān
arándano (m) rojo	काओबेरी (f)	kaoberī
fresa (f) silvestre	जंगली स्ट्रॉबेरी (f)	jangalī stroberī
arándano (m)	बिलबेरी (f)	bilaberī

97. Las flores. Las plantas

flor (f)	फूल (m)	fūl
ramo (m) de flores	गुलदस्ता (m)	guladasta
rosa (f)	गुलाब (f)	gulāb
tulipán (m)	ट्यूलिप (m)	tyūlip
clavel (m)	गुलनार (m)	gulanār
gladiolo (m)	ग्लेडियोलस (m)	glediyolas
aciano (m)	नीलकूपी (m)	nīlakūpī
campanilla (f)	ब्लूबेल (m)	blūbel
diente (m) de león	कुकरौंधा (m)	kukaraundha
manzanilla (f)	कैमोमाइल (m)	kaimomail
áloe (m)	मुसब्बर (m)	musabbar
cacto (m)	कैक्टस (m)	kaiktas
ficus (m)	रबड़ का पौधा (m)	rabar ka paudha
azucena (f)	कुमुदिनी (f)	kumudinī
geranio (m)	जेरानियम (m)	jeraniyam
jacinto (m)	हायसिंथ (m)	hāyasinth
mimosa (f)	मिमोसा (m)	mimosa
narciso (m)	नरगिस (f)	naragis
capuchina (f)	नस्टाशयम (m)	nastāshayam
orquídea (f)	आर्किड (m)	ārkid
peonía (f)	पियोनी (m)	piyonī
violeta (f)	वॉयलेट (m)	voyalet
trinitaria (f)	पैंज़ी (m pl)	painzī
nomeolvides (f)	फर्गेट मी नाट (m)	fargent mī nāt
margarita (f)	गुलबहार (f)	gulabahār
amapola (f)	खशखाश (m)	khashakhāsh
cáñamo (m)	भांग (f)	bhāng
menta (f)	पुदीना (m)	pudīna
muguete (m)	कामुदिनी (f)	kāmudinī
campanilla (f) de las nieves	सफ़ेद फूल (m)	safed fūl
ortiga (f)	बिच्छू बूटी (f)	bichchhū būtī
acedera (f)	सोरेल (m)	sorel
nenúfar (m)	कुमुदिनी (f)	kumudinī
helecho (m)	फर्न (m)	farn
liquen (m)	शैवाक (m)	shaivāk
invernadero (m) tropical	शीशाघर (m)	shīshāghar
césped (m)	घास का मैदान (m)	ghās ka maidān
macizo (m) de flores	फुलवारी (f)	fulavārī
planta (f)	पौधा (m)	paudha
hierba (f)	घास (f)	ghās
hoja (f) de hierba	तिनका (m)	tinaka

hoja (f)	पत्ती (f)	pattī
pétalo (m)	पंखड़ी (f)	pankharī
tallo (m)	डंडी (f)	dandī
tubérculo (m)	कंद (m)	kand

| retoño (m) | अंकुर (m) | ankur |
| espina (f) | काँटा (m) | kānta |

florecer (vi)	खिलना	khilana
marchitarse (vr)	मुरझाना	murajhāna
olor (m)	बू (m)	bū
cortar (vt)	काटना	kātana
coger (una flor)	तोड़ना	torana

98. Los cereales, los granos

grano (m)	दाना (m)	dāna
cereales (m pl) (plantas)	अनाज की फ़सलें (m pl)	anāj kī fasalen
espiga (f)	बाल (f)	bāl

trigo (m)	गेहूं (m)	gehūn
centeno (m)	रई (f)	raī
avena (f)	जई (f)	jaī
mijo (m)	बाजरा (m)	bājara
cebada (f)	जौ (m)	jau

maíz (m)	मक्का (m)	makka
arroz (m)	चावल (m)	chāval
alforfón (m)	मोथी (m)	mothī

guisante (m)	मटर (m)	matar
fréjol (m)	राजमा (f)	rājama
soya (f)	सोया (m)	soya
lenteja (f)	दाल (m)	dāl
habas (f pl)	फली (f pl)	falī

LOS PAÍSES

Afganistán (m)	अफ़ग़ानिस्तान (m)	afagānistān
Albania (f)	अल्बानिया (m)	albāniya
Alemania (f)	जर्मन (m)	jarman
Arabia (f) Saudita	सऊदी अरब (m)	saūdī arab
Argentina (f)	अर्जेंटीना (m)	arjentīna
Armenia (f)	आर्मीनिया (m)	ārmīniya
Australia (f)	आस्ट्रेलिया (m)	āstreliya
Austria (f)	ऑस्ट्रिया (m)	ostriya
Azerbaiyán (m)	आज़रबाइजान (m)	āzarabaijān
Bangladesh (m)	बांग्लादेश (m)	bānglādesh
Bélgica (f)	बेल्जियम (m)	beljiyam
Bielorrusia (f)	बेलारूस (m)	belārūs
Bolivia (f)	बोलीविया (m)	bolīviya
Bosnia y Herzegovina	बोस्निया और हर्ज़ेगोविना	bosniya aur harzegovina
Brasil (m)	ब्राज़ील (m)	brāzīl
Bulgaria (f)	बुल्गारिया (m)	bulgāriya
Camboya (f)	कम्बोडिया (m)	kambodiya
Canadá (f)	कनाडा (m)	kanāda
Chequia (f)	चेक गणतंत्र (m)	chek ganatantr
Chile (m)	चिली (m)	chilī
China (f)	चीन (m)	chīn
Chipre (m)	साइप्रस (m)	saipras
Colombia (f)	कोलम्बिया (m)	kolambiya
Corea (f) del Norte	उत्तर कोरिया (m)	uttar koriya
Corea (f) del Sur	दक्षिण कोरिया (m)	dakshin koriya
Croacia (f)	क्रोएशिया (m)	kroeshiya
Cuba (f)	क्यूबा (m)	kyūba
Dinamarca (f)	डेन्मार्क (m)	denmārk
Ecuador (m)	इक्वेडोर (m)	ikvedor
Egipto (m)	मिस्र (m)	misr
Emiratos (m pl) Árabes Unidos	संयुक्त अरब अमीरात (m)	sanyukt arab amīrāt
Escocia (f)	स्कॉटलैंड (m)	skotalaind
Eslovaquia (f)	स्लोवाकिया (m)	slovākiya
Eslovenia	स्लोवेनिया (m)	sloveniya
España (f)	स्पेन (m)	spen
Estados Unidos de América (m pl)	संयुक्त राज्य अमरीका (m)	sanyukt rājy amarīka
Estonia (f)	एस्तोनिया (m)	estoniya
Finlandia (f)	फ़िनलैंड (m)	finalaind
Francia (f)	फ़्रांस (m)	frāns

100. Los países. Unidad 2

Georgia (f)	जॉर्जिया (m)	jorjiya
Ghana (f)	घाना (m)	ghāna
Gran Bretaña (f)	ग्रेट ब्रिटेन (m)	gret briten
Grecia (f)	ग्रीस (m)	grīs
Haití (m)	हाइटी (m)	haitī
Hungría (f)	हंगरी (m)	hangarī
India (f)	भारत (m)	bhārat
Indonesia (f)	इण्डोनेशिया (m)	indoneshiya
Inglaterra (f)	इंग्लैंड (m)	inglaind
Irak (m)	इराक़ (m)	irāq
Irán (m)	इरान (m)	irān
Irlanda (f)	आयरलैंड (m)	āyaralaind
Islandia (f)	आयसलैंड (m)	āyasalaind
Islas (f pl) Bahamas	बहामा (m)	bahāma
Israel (m)	इस्रायल (m)	isrāyal
Italia (f)	इटली (m)	italī
Jamaica (f)	जमैका (m)	jamaika
Japón (m)	जापान (m)	jāpān
Jordania (f)	जॉर्डन (m)	jordan
Kazajstán (m)	कज़ाकस्तान (m)	kazākastān
Kenia (f)	केन्या (m)	kenya
Kirguizistán (m)	किर्गीज़िया (m)	kirgīziya
Kuwait (m)	कुवैत (m)	kuvait
Laos (m)	लाओस (m)	laos
Letonia (f)	लाटविया (m)	lātaviya
Líbano (m)	लेबनान (m)	lebanān
Libia (f)	लीबिया (m)	lībiya
Liechtenstein (m)	लिकटेंस्टीन (m)	likatenstīn
Lituania (f)	लिथुआनिया (m)	lithuāniya
Luxemburgo (m)	लक्ज़मबर्ग (m)	lakzamabarg
Macedonia	मेसेडोनिया (m)	mesedoniya
Madagascar (m)	मडागास्कार (m)	madāgāskār
Malasia (f)	मलेशिया (m)	maleshiya
Malta (f)	माल्टा (m)	mālta
Marruecos (m)	मोरक्को (m)	morakko
Méjico (m)	मेक्सिको (m)	meksiko
Moldavia (f)	मोलदोवा (m)	moladova
Mónaco (m)	मोनाको (m)	monāko
Mongolia (f)	मंगोलिया (m)	mangoliya
Montenegro (m)	मोंटेनेग्रो (m)	montenegro
Myanmar (m)	म्यांमर (m)	myāmmar

101. Los países. Unidad 3

Namibia (f)	नामीबिया (m)	nāmībiya
Nepal (m)	नेपाल (m)	nepāl

| Noruega (f) | नार्वे (m) | nārve |
| Nueva Zelanda (f) | न्यू ज़ीलैंड (m) | nyū zīlaind |

Países Bajos (m pl)	नीदरलैंड्स (m)	nīdaralainds
Pakistán (m)	पाकिस्तान (m)	pākistān
Palestina (f)	फिलिस्तीन (m)	filistīn
Panamá (f)	पनामा (m)	panāma
Paraguay (m)	परागुआ (m)	parāgua
Perú (m)	पेरू (m)	perū
Polinesia (f) Francesa	फ्रेंच पॉलीनेशिया (m)	french polīneshiya
Polonia (f)	पोलैंड (m)	polaind
Portugal (m)	पुर्तगाल (m)	purtagāl

República (f) Dominicana	डोमिनिकन रिपब्लिक (m)	dominikan ripablik
República (f) Sudafricana	दक्षिण अफ्रीका (m)	dakshin afrīka
Rumania (f)	रोमानिया (m)	romāniya
Rusia (f)	रूस (m)	rūs

Senegal (m)	सेनेगाल (m)	senegāl
Serbia (f)	सर्बिया (m)	sarbiya
Siria (f)	सीरिया (m)	sīriya
Suecia (f)	स्वीडन (m)	svīdan
Suiza (f)	स्विट्ज़रलैंड (m)	svitzaralaind
Surinam (m)	सूरीनाम (m)	sūrīnām

Tayikistán (m)	ताज़िकिस्तान (m)	tājikistān
Tailandia (f)	थाईलैंड (m)	thaīlaind
Taiwán (m)	ताइवान (m)	taivān
Tanzania (f)	तंज़ानिया (m)	tanzāniya
Tasmania (f)	तास्मानिया (m)	tāsmāniya
Túnez (m)	ट्यूनीसिया (m)	tyunīsiya
Turkmenistán (m)	तुर्कमेनिस्तान (m)	turkamānistān
Turquía (f)	तुर्की (m)	turkī

Ucrania (f)	यूक्रेन (m)	yūkren
Uruguay (m)	उरुग्वे (m)	urugve
Uzbekistán (m)	उज़्बेकिस्तान (m)	uzbekistān
Vaticano (m)	वेटिकन (m)	vetikan
Venezuela (f)	वेनेज़ुएला (m)	venezuela
Vietnam (m)	वियतनाम (m)	viyatanām
Zanzíbar (m)	ज़ैंज़िबार (m)	zainzibār

www.ingramcontent.com/pod-product-compliance
Lightning Source LLC
Chambersburg PA
CBHW070825050426
42452CB00011B/2182